HEYNE BUSINESS

Heyne · Campus

Hans-Werner Möller

DAS BÖRSEN-SEMINAR

Ein Wegweiser durch den Anlage-Dschungel

Wilhelm Heyne Verlag
München

HEYNE BUSINESS
22/2051

Umwelthinweis:
Dieses Buch wurde auf chlor- und
säurefreiem Papier gedruckt.

Aktualisierte und überarbeitete Taschenbuchausgabe
im Wilhelm Heyne Verlag GmbH & Co. KG, München
http://www.heyne.de

Printed in Germany 1999
Umschlaggestaltung: Atelier Bachmann & Seidel, Reischach
Umschlagillustration: Tony Stone Images/Andy Whale, München
Herstellung: M. Spinola
Satz: Schaber Datentechnik, Wels
Druck und Verarbeitung: Presse-Druck, Augsburg

ISBN 3-453-14837-1

Inhalt

*»Wir wissen nicht,
sondern wir raten.«*

KARL F. POPPER
Logik der Forschung

Vorwort

Das Thema ›Aktienauswahl und Anlagestrategien an der Börse‹ ist so komplex wie unerschöpflich.
Aktien werden für immer mehr Anleger zu einer reizvollen Anlagealternative. Die Aktienbörse ist für einen weiten Anlegerkreis der bei weitem interessanteste – und am leichtesten zugängliche Markt. Er ermöglicht auch dem durchschnittlichen Anleger ein erfolgreiches Engagement, während die Rohstoff-, Metall- oder Warenbörsen besondere Branchenkenntnisse erfordern. Das Buch beschränkt sich konsequent auf Aktien.
Es ist kein Rezeptbuch für die schnelle und sichere Mark an der Börse. Ein seriöser Autor kann nur darlegen, welche Fehler der Anleger am Aktienmarkt vermeiden soll, auf welche Bedingungen er achten muß, welche Indikatoren für eine Anlageentscheidung von Bedeutung sind und wie sie nach welchen Regeln interpretiert werden können oder auch müssen.
Ob es im Falle der konkreten Anlageentscheidung auch genügt, alle diese Faktoren zu beachten, hängt vor allem von der Güte der Gedankenarbeit des Anlegers ab. Die Börse verzeiht Denkfaulheit nicht. Fehlentscheidungen sind häufig genug die Folge von Denkfehlern.
Dem Leser und potentiellen Anleger werden daher nachdrücklich die vier großen G's des Börsianers empfohlen:

›GELD, GEDANKEN, GEDULD, GLÜCK‹.

Das heißt genügend Geld zur Risikostreuung, genügend Gedanken zur Entscheidungsanalyse, genügend Geduld für die

Durststrecken und genügend Glück für das Nichtvorherseh-bare.
Hauptteil des Buches ist das Thema von ›*Strategie und Timing*‹ an der Aktienbörse. Dies ist nach Inhalt und Umfang Kernthema des Buches und *das* originäre Thema des Börsianers.
Für Anfänger und Neulinge ist mit dem *Einleitungskapitel* ein Börsenwegweiser vorangestellt, der in Funktionsweise und Usancen der Aktienbörse einführt. Der Fortgeschrittene oder Praktiker mag dieses Kapitel überfliegen und sogleich in die Kernthematik einsteigen.
Das *Schlußkapitel* enthält schließlich Hilfsmittel zur technischen Umsetzung der praktischen Anlageentscheidung, vor allem eine Anleitung zur *Entscheidungstabellen*-Technik als einer professionellen Entscheidungshilfe für den Börsianer.
Das Buch ist gedacht für Börsianer und Anleger, die es werden wollen. Auch wenn das Buch, vor allem im Einleitungskapitel, beispielhaft auf deutsche Börsensituationen Bezug nimmt, wendet sich sein Inhalt, mit der Kernthematik ›Strategie und Timing‹ im Hauptteil, an Anleger aller Börsen, ob in Deutschland, Österreich, Luxemburg, der Schweiz oder anderswo.
Alles, was der umsichtige Anleger an praktischem Wissen beherzigen muß, um – in den Grenzen der unvermeidbaren Ungewißheit – sein Geld an der Börse so erfolgreich anzulegen, wie es die Natur der Sache nur erlaubt, kann er sich mit diesem Buch selbst erarbeiten. Dieses Buch bietet dafür das notwendige Know-how.
Der Leser, der sich *Das Börsenseminar* erarbeitet hat, weiß, wie man`s macht.

1. KAPITEL

Der Börsenwegweiser

1. Bedeutung und Arten von Aktien

Eine Aktie ist ein handelbares Wertpapier, das dem Eigentümer einen Anteil am Kapital einer Aktiengesellschaft verbrieft. Eine Aktie besteht aus einem Mantel (einem mehr oder weniger bunten DIN-A4-Papier) und einem Bogen. Der Mantel ist die eigentliche Aktie und dokumentiert mit Nennbetrag, Kontrollnummer und Unterschrift von Aufsichtsrat oder Vorstand der Gesellschaft das Teilhaberrecht an dem Unternehmen. Der daran hängende Bogen enthält die Coupons, gegen die der Aktionär die jährliche Dividende ausgezahlt bekommt. Die Höhe dieser Dividende hängt zumeist von dem jährlich erwirtschafteten Gewinn des Unternehmens ab. In schlechten Geschäftsjahren kann sie sogar völlig ausfallen.

Der Wert der Aktie orientiert sich an dem Wachstum und der Geschäftsentwicklung des Unternehmens. Diese Geschäftsentwicklung des Unternehmens schlägt sich im Kurs der Aktie nieder. Der Kurs der Aktie ist der Preis, den eine Aktie an der Börse aufgrund von Angebot und Nachfrage erzielt. Die Kurshöhe einer Aktie ist mithin Ausdruck der Wertschätzung des Unternehmens durch Anbieter und Nachfrager an der Börse. Die Wertschätzung einer Aktie bzw. einer Aktiengesellschaft schwankt in Abhängigkeit von verschiedenen Einflußfaktoren, die Angebot und Nachfrage an der Börse bestimmen. Die Folge ist, daß auch die Aktienkurse durch ein ständiges Auf und Ab gekennzeichnet sind.

In Deutschland wird mit Aktien seit dem Jahre 1843 gehandelt. Sie dienten der Finanzierung großer industrieller Vorhaben, so z.B. dem Eisenbahnbau. In neuerer Zeit wurde z.B. der Euro-Tunnel-Bau durch die Herausgabe und den Verkauf von Aktien finanziert. Die Aktie ist also ein Instrument, um große Mengen von Kapital aus den Händen einer Vielzahl kleinerer – aber auch größerer – Kapitalquellen aufzubringen. Die Rechtsform der Aktiengesellschaft hat überdies oft Vorzüge für die Organisation und die Kontinuität des Managements. So kann die gesetzlich vorgeschriebene Einrichtung des Aufsichtsrates die Qualität des Managements von den Zufälligkeiten der Erbfolge einer Personengesellschaft unabhängig machen. Im Jahre 1998 waren in der Bundesrepublik rund 4000 Aktiengesellschaften im Handelsregister eingetragen.

Die Gründung einer Aktiengesellschaft erfordert mindestens fünf Personen, die ein Grundkapital von mindestens 100 000 DM aufbringen müssen. Das Aktienkapital wird dann in Anteile heute in der Regel 5 DM (in seltenen Ausnahmen auch 50 oder 100 DM) pro Aktie gestückelt. Dieser Betrag wird als Nennwert auf dem Mantel der Aktie verbrieft. Wegen der Einführung des Euro werden solche Nennwertaktien zunehmend durch Stückaktien ersetzt, die einen bestimmten Bruchanteil vom Eigenkapital des Unternehmens verbriefen. Für den Wert der Aktien ist dies praktisch jedoch ohne Belang.

In der Wertsteigerung der Aktie liegt der größte Gewinn des Anlegers. Demgegenüber ist der Dividendenertrag aus einer Aktie normalerweise bescheiden. Hinzu kommen Erträge aus der Wahrnehmung von Bezugsrechten bei der Ausgabe von neuen Aktien. Dies kommt selten vor und macht den Aktionär kaum reich. Andererseits ist das Risiko des Aktionärs begrenzt. Er riskiert im allerschlimmsten Fall den völligen Wertverlust seines Anteilspapiers. Andererseits hat der Aktionär aber das Recht auf Teilnahme an der jährlichen Hauptversammlung seiner Aktiengesellschaft und damit verbundene Informations-, Kontroll- und Stimmrechte. Für den Durchschnittsanleger ist dies jedoch nur von theoretischem Interesse, er läßt seine Rechte in der Regel durch Erteilung des Depotstimmrechts von seiner Bank wahrnehmen.

Man unterscheidet folgende Arten von Aktien:

1. Nach der Übertragbarkeit:

a) *Inhaberaktien,* die nicht auf den Namen einer bestimmten Person lauten, und den Eigentümer ohne Formalitäten wechseln können. Dies ist der Normalfall der an den Börsen gehandelten Aktien.

b) *Namensaktien* lauten auf den Namen des Eigentümers und sind nur durch Weitergabevermerk auf der Rückseite der Aktie (Indossament) an einen anderen Eigentümer übertragbar. Der jeweilige Eigentümer wird in einem Aktienbuch der Aktiengesellschaft vermerkt. ›Vinkuliert‹ ist die Namensaktie zusätzlich, wenn diese Übertragung nur mit Zustimmung der Gesellschaft vorgenommen werden darf.

2. Nach der Rechtsausstattung:

a) *Stammaktien* (auch Stämme) geben dem Anteilseigentümer die vollen Rechte bei der Dividendenverteilung, dem Informations- und Stimmrecht in der Hauptversammlung und bei der Verteilung eines eventuellen Liquidationserlöses bei Auflösung oder Verkauf der Gesellschaft. Die meisten an der Börse gehandelten Aktien sind solche Stämme.

b) *Vorzugsaktien* (Vorzüge) geben den Eigentümern einerseits Sonderrechte insbesondere bei der Dividendenverteilung. Die ›Vorzugs‹-Dividende ist in der Regel höher und/oder auch garantiert. Dafür besitzen die Vorzüge keine Stimmrechte, ausgenommen falls eventuell die Dividende ausfällt.

3. Nach dem Aktienkapitalverhältnis:

a) *Junge Aktien* sind Anteile, die bei einer Erhöhung des Grundkapitals der Aktiengesellschaft den bisherigen Alt-Aktionären zu Sonderbedingungen angeboten werden.

b) *Gratis-, Berichtigungs- oder Zusatzaktien* sind Anteile am Kapital der Aktiengesellschaft, die ohne zusätzliche Kosten bei einer nominellen Korrektur des Grundkapitals durch Auflösung der Rücklagen oder Halbierung des Nennwerts an die Alt-Aktionäre ausgegeben werden.

4. Nach dem Adressatenkreis:

a) *Volksaktien* sind Anteile solcher Aktiengesellschaften, die in der Regel aus der Teil-Privatisierung von Aktiengesellschaften aus Staatseigentum breiten Schichten der Bevölkerung zwecks Vermögensbildung und Teilnahme an der marktwirtschaftlichen Gesellschaftsordnung zu Sonderpreisen angeboten werden; Beispiele dafür waren VW, Veba, Preussag.

b) *Belegschaftsaktien* sind solche Anteile an Aktiengesellschaften, die den Mitarbeitern des Unternehmens zu Vorzugspreisen und pro Person in begrenzter Zahl einmalig oder auch jährlich wiederholt zwecks Vermögensbildung und zwecks Identifikation mit den Unternehmensinteressen angeboten werden.

Diese Unterscheidungen sind nicht ganz unwichtig. Gehandelt werden an der Börse alle Aktienarten. Die Besonderheiten schlagen sich jedoch in unterschiedlicher Lagerung der effektiven Aktien sowie eventuell vorzunehmenden Abtretungen bei Namensaktien nieder.

2. Aktienerwerb und Aktienverwaltung

Der Erwerb oder Kauf von Aktien geschieht im Normalfall durch formlosen schriftlichen, mündlichen oder telefonischen Auftrag bei der Wertpapierabteilung einer Bank oder einem auf das Börsengeschäft spezialisierten Makler. Bank oder Makler richten dann ein Wertpapierkonto ein, in dem die erworbenen Aktien gegen Gebühr verwaltet werden. Das Wichtigste bei der Auftragserteilung ist die Präzisierung der Kauf- und später der Verkaufsorder. Diese Präzisierung geschieht z. B. durch die Ergänzung des Kaufauftrags durch das Adverb ›billigst‹. Das bedeutet, daß die Bank die Aktie zum günstigst möglichen Kurs an dem betreffenden Börsentag kaufen soll. Oder der Kaufauftrag wird mit einer Limitierung versehen, d. h. der Kaufauftrag wird nur ausgeführt, wenn die Aktie einen bestimmten Höchstkurs nicht überschreitet. Schließlich gibt es auch die Möglichkeit, den Kaufauftrag mit einer ›Stop‹-Order zu versehen, d. h. der Kauf wird erst ausgeübt, wenn die Aktie einen bestimmten Mindestkurs erreicht oder überschritten hat. Damit sichert sich der Anleger die Teilnahme an unerwarteten Kurssteigerungen einer Aktie, einer Branche oder Börse.
Gleiches gilt für die spätere Verkaufsorder. Hier wird der Verkaufsauftrag entweder mit ›bestens‹ versehen. Die Bank führt den Verkaufsauftrag dann zu dem bestmöglichen Kurs an dem betreffenden Börsentag aus. Oder der Verkaufsauftrag wird mit einem Limit versehen, d. h. die Aktie wird nur verkauft, wenn ihr Kurs einen bestimmten Mindestkurs überschreitet. Oder der Verkaufsauftrag wird mit einer Stop-Order versehen, d. h. die Aktie wird verkauft, wenn der Wert bei fallender Kursentwicklung einen bestimmten Mindestkurs erreicht oder unterschritten hat. Letzteres mag paradox erscheinen, dient aber der Begrenzung von möglichen Verlusten oder Gewinneinbußen.
Eine ›Billigst‹- oder ›Bestens‹-Order wird immer bei solchen Kauf- oder Verkaufsaufträgen sinnvoll sein, bei denen es

sich um Aktien mit einem sehr breiten Markt handelt, d.h. von denen eine sehr große Zahl gehandelt wird wie bei großen Aktiengesellschaften, beispielsweise VW, Hoechst oder Deutsche Bank. Die Limitierung von Kauf- oder Verkaufsaufträgen (oder auch der Stop-Zusatz) ist immer dann angebracht, wenn es sich um Aktien mit einem sehr engen Markt handelt, also nur wenige Papiere existieren bzw. in Umlauf und im Handel sind, weil dann schon kleinere Aufträge den Kurs der Aktie stärker bewegen können.
Die Bank berechnet bei Standardaufträgen für Kauf oder Verkauf von Aktien im Inland *jeweils* ca. 1 % Spesen vom Kauf- oder Verkaufswert. Darin sind alle Kosten der Bank, des Maklers sowie die Börsenumsatzsteuer enthalten. Die gesamte Transaktion von Kauf und Verkauf einer Aktie schlägt somit *insgesamt* mit 2 % zu Buche. Bei einem Direkt-Order-Depot fallen dagegen nur halb soviel Transaktionskosten an, dafür verzichtet der Anleger jedoch auf jedwede ›Beratung‹. Eine Aktie muß also mindestens um diese Transaktionskosten im Kurs gestiegen sein, wenn der Anleger in die Gewinnzone kommen will. Hinzu kommen die Kosten für die Depotverwaltung, die von Bank zu Bank sehr unterschiedlich sind, sowie bei genauer Kostenrechnung auch die Kosten der Informationsbeschaffung und -verarbeitung, also für die Tageszeitung, eventuell einen Börseninformationsdienst, den Zeitaufwand für die Recherche und Analyse und nicht zu vergessen evtl. entgangene Zinsen. Die gesamten Transaktionskosten für das Wertpapiergeschäft belastet die Bank automatisch dem Konto des Anlegers (bei Verkauf erfolgt eine entsprechende Gutschrift), während gleichzeitig die Aktienwerte dem Wertpapierdepotkonto des Anlegers gutgeschrieben werden.
Die Bank verwahrt und verwaltet die Aktien dann quasi automatisch. Erstens werden die Aktien diebstahlsicher im Tresor hinterlegt. Zweitens überwacht die Bank die wichtigen Termine wie Dividendenzahlung, Hauptversammlung oder ggf. auch die Ausübung von Bezugsrechten und infor-

miert den Anleger darüber bzw. schreibt Dividendenzahlungen dem Konto des Anlegers gut.
In der Regel hält die Bank die Wertpapiere nur in ›Girosammelverwahrung‹, d.h. daß die Bank einer Wertpapiersammelbank angeschlossen ist, die für eine Vielzahl von Banken die Aktien insgesamt verwaltet. Eine andere Möglichkeit ist die Verwaltung der Aktien im ›Streifbanddepot‹ (z.B. Namensaktien), bei der die Bank die Verwahrung und Verwaltung der Aktien tatsächlich selbst unternimmt, mit entsprechend höheren Kosten und Aufwand.

3. Die Börsenorganisation

a) Die Börsenaufgaben

Der Ausdruck ›Börse‹ datiert zurück bis ins 13. Jahrhundert und hat seine Wurzeln in dem lateinischen Wort ›bursa‹ – Beutel. Im 15. Jahrhundert wurde erstmals ein Platz damit bezeichnet, an dem Handel getätigt wurde. Im 16. Jahrhundert trafen sich in Brügge erstmals Kaufleute aus aller Herren Länder zu bestimmten Terminen vor dem Hause einer Patrizierfamilie ›Van der Burse‹, um mit Wechseln (Schuldscheinen) aus Kolonialwarengeschäften zu handeln. Diese Wechsel waren die ersten handelbaren Wertpapiere, die man in Lederbeuteln, der ›Börse‹, aufbewahrte. 1602 entstand dann in Amsterdam die erste Aktienbörse, an der mit den Aktien des Kolonialunternehmens ›Vereinigte Ostindische Kompanie‹ gehandelt wurde. Später wurden feste Börsenplätze und Börsenzeiten eingerichtet, um dem Handel einen ordentlichen Rahmen zu geben. Daraus entstand die heutige Struktur der Börsenorganisation. Handelsgegenstände an Börsen sind Rohstoffe, z.B. Getreide, Kakao, Kaffee, Metalle (insbesondere Gold, Silber, Zink etc.) und Wertpapiere (wie Anleihen, Optionen und Aktien).
Die beginnende Industrialisierung, z.B. Bau der Eisenbahnlinien, Errichtung von Bergwerken, Bau des Suez-Kanals,

Errichtung großer Banken, und vor allem die Kolonialunternehmen erforderten zu ihrer Finanzierung einen wachsenden Kapitalbedarf, verbunden mit immer größeren unternehmerischen Risiken, der durch einzelne private Geschäftsleute allein nicht mehr aufgebracht werden konnte. Die Stückelung des Kapitalbedarfs und des damit verbundenen Risikos in eine Vielzahl kleinerer Anteile, und mithin die Ausgabe und der Handel mit Aktien, erlebte im 18. und 19. Jahrhundert ihre größte Blüte. Ihr folgte die Gründung von Börsenplätzen in aller Welt, von Amsterdam über London, New York, Tokio bis Frankfurt, Zürich und Wien.
Die Aktienbörse sammelt gleichsam das anlage- und gewinnsuchende Kapital und lenkt es zu den kapitalsuchenden Unternehmen, indem sie Gewinnchancen in Aussicht stellt. Die Funktion der Börse besteht volkswirtschaftlich gesehen in der Kapitalbildung, -sammlung und -lenkung und damit verbunden der Risikoübernahme und -streuung seitens der Kapitalanleger.
Die volkswirtschaftliche Bedeutung der Börse kann nicht hoch genug eingeschätzt werden. Sie unternimmt, theoretisch gesprochen, die Allokations- oder auch Lenkungsfunktion des in der Regel knappsten Produktionsfaktors ›Kapital‹ und verteilt zugleich das damit verbundene volkswirtschaftliche Risiko des Fehlgehens dieser Unternehmen auf eine Vielzahl von ›Schultern‹ kleinerer, mittlerer und größerer Kapitalgeber. So wird allen gleichzeitig gedient: Die Kapitalgeber können für die Hergabe und Investition ihres Kapitals einen ordentlichen Gewinn erwarten, ohne sich selbst in einzelne Geschäfte zu verwickeln und ohne ein zu großes Risiko einzugehen. Ihr Risiko ist auf den Verlust des eingesetzten Kapitals begrenzt.
Die Volkswirtschaft wie die Gesellschaft als Ganzes profitieren von der Börse, indem diese dafür sorgt, daß aus einer Vielzahl von kleinen, mittleren und großen Quellen das für das Wachstum und die Weiterentwicklung der Wirtschaft erforderliche umfangreiche Kapital zusammenkommt und so

die großen Investitionsvorhaben zur Deckung privater und öffentlicher Bedarfe finanziert werden können. Überdies bieten die durch die Börse möglichen Gewinnchancen für Kapitalanleger einen Anreiz zur verstärkten Kapitalbildung und tragen somit zugleich zur Verringerung der Knappheit des Produktionsfaktors ›Kapital‹ bei.
In Volkswirtschaften ohne Börsen, als Drehscheiben und Schleusen des Kapitals, wird der knappe Produktionsfaktor Kapital nach aller Erfahrung weit weniger effektiv verwendet; so bleibt die zur Weiterentwicklung einer Volkswirtschaft notwendige Kapitalbildung chronisch unzureichend, weil die entsprechenden Anreize fehlen.

b) Die Börsenplätze

Der international bedeutendste Börsenplatz ist nach wie vor die New Yorker Börse, auch als ›Wall Street‹ bezeichnet.
Mit dem wachsenden pazifischen Handel wird der New Yorker Börse mehr und mehr der Rang durch die Börse von Tokio streitig gemacht, aber auch die Börse in Hongkong nimmt eine wichtige Stellung ein. In Europa sind es vor allem die Londoner, die Pariser sowie die Frankfurter, die Züricher und die Wiener Börse. Wachsende Bedeutung gewinnt hier die Börse von Madrid.
In Deutschland gibt es heute acht fest plazierte Wertpapierbörsen.*
Hinzu kommt die Deutsche Termin-Börse (DTB) für den Optionshandel.
Die wichtigsten und größten Wertpapierbörsen in Deutschland sind die in Frankfurt am Main und Düsseldorf. Der

---

* Baden-Württembergische Wertpapierbörse zu Stuttgart, Bayerische Börse in München, Berliner Wertpapierbörse, Bremer Wertpapierbörse, Frankfurter Wertpapierbörse, Hanseatische Wertpapierbörse in Hamburg, Niedersächsische Börse zu Hannover und Rheinisch-Westfälische Börse zu Düsseldorf.

Börsenhandel vollzieht sich an Börsentagen von montags bis freitags zu bestimmten Stunden durch die an der Börse zugelassenen Personen nach festgelegten Regeln.*

c) Die Börsenordnung

Die rechtliche Grundlage der Börsen bildet das Börsengesetz von 1896 in der Fassung von 1975. Das Börsengesetz bestimmt, daß zur Errichtung – und zur Aufhebung – einer Börse nur die jeweilige Landesregierung befugt ist. Die Landesregierung übt auch die rechtliche Aufsicht über die Börse aus und bestellt hierfür einen Staatskommissar. Der Staatskommissar für die Börse überwacht die für die Börse und die Börsengeschäfte erlassenen Gesetze und Bestimmungen.

Das Börsengesetz bestimmt zunächst, daß für jede Börse eine Börsenordnung erlassen werden muß. Die Börsenordnung regelt:
- die Organe und Leitung der Börse,
- die Geschäftszweige der Börse,
- die Zulassungsvoraussetzungen zur Börse,
- die Kursfeststellung und Notierung an der Börse.

Das oberste Börsenorgan ist der Börsenvorstand. Er leitet die Börse und ist verantwortlich für die Regelung des Geschäftsverkehrs und die Aufrechterhaltung der Ordnung in den Börsenräumen. Aufgabe des Börsenvorstandes ist es, die Geschäftsbedingungen und Maklergebühren festzusetzen, die Kurse festzustellen, die Aufnahme, Aussetzung und

* Man kann diese Börsen zwar nicht besuchen, um dort selbst Geschäfte zu tätigen, aber alle Börsen sehen Möglichkeiten und Einrichtungen für Besucher vor, die eine Börse vor Ort kennenlernen und dem meist aufgeregten Geschehen dort einmal zusehen möchten. Dafür gibt es Besuchergalerien, Filme zur Einführung in die Börsengeschäfte und Führungen und Vorträge durch Mitarbeiter der Börse.

Zurücknahme von Notierungen und schließlich den Optionsund Terminhandel zu regeln. Ein weiteres Organ der Börse ist die Zulassungsstelle. Sie hat die Aufgabe, darüber zu entscheiden, ob und welche Wertpapiere zum amtlichen Handel zugelassen werden. Die Zulassungsstelle besteht zur Hälfte aus Vertretern der Kreditinstitute und mindestens zur anderen Hälfte aus Personen, die berufsmäßig nicht am Wertpapierhandel teilnehmen.
Ein weiteres Organ der Börse ist die Maklerkammer als die Berufsvertretung der Kursmakler.
Ein wichtiges Organ der Börse ist der Ehrenausschuß. Der Ehrenausschuß hat die Aufgabe, über die Ehrbarkeit und die Vertrauensgrundlage des kaufmännischen Gebarens an der Börse zu wachen und Börsenteilnehmer ggf. für zuwiderhandelnde Tätigkeiten zur Verantwortung zu ziehen.

d) Die Börsengeschäfte

An den Wertpapierbörsen werden eine Vielzahl von Wertpapieren gehandelt; neben Aktien und Optionen auch festverzinsliche Anleihen der öffentlichen Hände wie Bund, Bahn, Post etc., Anleihen ausländischer Staaten und Anleihen von Banken, Industrie und Versicherungen.
Dieser Handel wird je nach Wertpapierart in unterschiedlichen Geschäftsformen abgewickelt.

Amtlicher Handel
Voraussetzung für die Zulassung eines Wertpapiers, einer Aktie, ist die Genehmigung durch die Zulassungsstelle im Rahmen eines Zulassungsverfahrens, in dem die Aktie auf ihre Vertrauenswürdigkeit für ein breites Publikum geprüft wird. Der amtliche Handel an der Börse umfaßt gut 85 % des gesamten Umsatzvolumens. Im amtlichen Handel werden die Kurse (Preise) für eine Aktie amtlich, d. h. offiziell festgestellt, und damit für Käufer und Verkäufer allgemein verbindlich festgelegt.

Geregelter Markt
Neben dem amtlichen Handel gibt es seit dem 4. Mai 1987 jetzt auch den geregelten Markt. Die Zulassung einer Aktie bzw. Aktiengesellschaft zum geregelten Markt bedarf wie beim amtlichen Handel auch der Genehmigung. Die Anforderungen sind jedoch geringer und sollen es vor allem kleinen und mittleren Unternehmen ermöglichen, ihren Kapitalbedarf über die Börse zu decken. Die Zulassungsvoraussetzungen für die Notierung im geregelten Markt sind vor allem:

- ein Mindestnennbetrag des Aktienkapitals von 500000 DM,
- die Veröffentlichung jährlicher Unternehmensberichte,
- weitere Angaben zu Kapitalverhältnissen bzw. Beteiligungen der Gesellschaft.

Für die Unternehmen ist der geregelte Markt auch eine Vorstufe für die Zulassung zum amtlichen Handel.

Geregelter Freiverkehr
Im geregelten Freiverkehr werden Aktien gehandelt, die nicht unter verminderter Bonität oder Vertrauenswürdigkeit für das breite Publikum leiden, sondern in der Regel nur regionale Bedeutung an einer Heimatbörse haben oder wegen eines niedrigen Aktienkapitals nur wenige Aktien im Umlauf und entsprechend geringe Umsätze aufweisen. Die Kurse im geregelten Freiverkehr werden nicht von vereidigten, sondern von freien Maklern ermittelt. Es wird kein offizieller Kurs festgestellt, zu dem Anspruch auf Ausführung von Aufträgen besteht, sondern nur sog. ›Spannungskurse‹, d.h. die Kursspanne, zwischen denen Angebot und Nachfrage nach der betreffenden Aktie vorlagen. Die Umsätze werden dann zu einem dazwischen liegenden Mittelkurs ausgeführt.

Die Zulassung zum geregelten Freiverkehr wird von einem Börsenausschuß für Geschäfte in amtlich nicht notierten

Werten entschieden. Sie ist weniger streng als im amtlichen und geregelten Markt. Die Gesellschaft braucht nur einen Unternehmensbericht und Auskünfte über die finanzielle und wirtschaftliche Situation vorzulegen.

Ungeregelter Freiverkehr
Im ungeregelten Freiverkehr wird vor-, nach- und außerbörslich mit amtlich notierten, in den geregelten Markt und den geregelten Freiverkehr einbezogenen Wertpapieren sowie mit Wertpapieren gehandelt, die weder amtlich eingeführt noch im geregelten Markt und Freiverkehr einbezogen sind. Dieser außerbörsliche Handel mit unnotierten Werten wird mit oder ohne Beteiligung eines freien Maklers überwiegend von Bank zu Bank per Telefon oder Fernschreiber abgewickelt. Für diesen Handel gibt es weder Formvorschriften noch wird er durch den Börsenvorstand oder einen Ausschuß überwacht. Offizielle Kurse werden im ungeregelten Freiverkehr nicht veröffentlicht, allerdings werden im allgemeinen unverbindliche Preislisten herausgegeben.

e) Die Börsenteilnehmer

Nicht jedermann ist zur direkten Teilnahme am Börsenhandel zugelassen. Die wichtigsten zugelassenen Börsenteilnehmer sind:

Die *amtlichen ›Makler‹*. Die amtlichen Makler müssen bestimmte Fachqualifikationen vorweisen und werden von der Landesregierung bestellt und vereidigt. Die Makler dürfen mit einer ihnen fest zugeteilten bestimmten Gruppe von Wertpapieren handeln, jedoch keine eigenen Geschäfte vornehmen. Die amtlichen Makler legen börsentäglich für die ihnen zugeteilten Wertpapiere den amtlichen Kurs fest. Für ihre Tätigkeit erhalten sie eine Courtage. Die amtlichen Makler haften mit einem bestimmten größeren Vermögensbetrag persönlich für eventuelle Geschäftsverluste.

Die wichtigsten Geschäftspartner des amtlichen Maklers sind vor allem die sog. institutionellen Anleger, wie die großen Investmentgesellschaften, Versicherungsgesellschaften und andere Aktiengesellschaften.

Die *›freien Makler‹*. Die freien Makler dürfen nur mit amtlich nicht notierten Wertpapieren handeln. Sie dürfen auch auf eigene Rechnung Geschäfte tätigen. Die freien Makler werden nicht vereidigt und sind auch nicht an der Kursfestsetzung beteiligt.
Die Geschäftspartner der freien Makler sind ebenso freie Investoren oder Investorgruppen.

Die *›Händler‹*. Die Händler sind Vertreter der Kreditinstitute, wie Banken und Sparkassen. Die Händler verhandeln mit den Maklern im Interesse der Bankkunden. Ihre wichtigsten ›Geschäftspartner‹ sind vor allem institutionelle Anleger wie Versicherungen und Privatkunden.

In Analogie zum Schauspiel am Theater werden diese drei professionellen Gruppen von Börsenteilnehmern zusammen auch als Berufshandel oder als die *›Kulisse‹* oder das ›Parkett‹ bezeichnet. Sie sind die ›Profis‹ und eigentlichen ›Drahtzieher‹ im Börsenspiel. Die Profis in der Kulisse verhalten sich meist antizyklisch.

Demgegenüber wird die Masse der kleinen und größeren Anleger bzw. Bankkunden als das – breite – *›Publikum‹* bezeichnet. Das ›Publikum‹ verhält sich bei seinen Anlageentscheidungen in der Regel prozyklisch. Mit Beginn einer Hausse (Kursaufschwung) ist die Kaufbereitschaft des Publikums besonders gering, während die Profis aus der Kulisse jetzt kaufen. Umgekehrt ist die Kaufbereitschaft des Publikums zum Ende einer Hausse am größten (Lieschen-Müller-Hausse) und bleibt es bis in die beginnende Baisse hinein, während die Profis aus der Kulisse längst verkauft haben.

Im Gegensatz zum breiten ›Publikum‹ werden die Banken, Versicherungen und Investmentgesellschaften als *›institutionelle Anleger‹* bezeichnet. Das Engagement oder Disengagement etwa großer Banken in bestimmten Aktiengesellschaften – ablesbar an der Besetzung der Aufsichtsrats- und Vorstandsposten eines Unternehmens – gilt als wichtiger Indikator für die Qualität und Chancen der Aktie dieser Gesellschaft.

Wenn institutionelle Anleger in einer Gesellschaft investiert sind, ist diese sicherlich als ›gut‹ befunden. Das ist ein positiver Indikator für die Aktie.

Als eine besondere Gruppe von Börsenteilnehmern sind die *›Großanleger‹* anzusehen. Dazu zählen insbesondere vermögende Privathaushalte, Selbständige und Unternehmen, die Teile ihres Vermögens, ihrer Gewinne oder Liquiditätszuflüsse auf Dauer oder zeitweilig in Wertpapieren anlegen. Diese Gruppe hält sehr große Aktienportefeuilles, die von Zeit zu Zeit umgeschichtet werden. Dispositionen dieser Gruppe – Käufe und Verkäufe – bestimmen die Kursentwicklungen an der Börse aufgrund ihres Volumens in besonders starkem Maße.

Eine weitere besondere Gruppe ist das internationale anlagesuchende Kapital, kurz als *›Ausland‹* bezeichnet. Der hohe Anteil ausländischen Geldes und dessen ›Zu- oder Abwanderung‹ von einer nationalen Börse zur anderen bedeutet besonders starke Kurschancen bzw. -risiken. Das Ausland agiert in der Regel prozyklisch, wenn eine Hausse oder Baisse in Gang kommt.

Schließlich ist da noch die geheimnisvolle Gruppe der *›Insider‹*. Hierzu zählen führende Manager in Banken, Versicherungen oder gar Bundes- und Landeszentralbanken, die gelegentlich als erste Informationen über entscheidende

Veränderungen in einem Unternehmen, einer Branche usw. erhalten und daraus an der Börse Profit schlagen können – was in den USA verboten ist. Dort gibt es ein relativ strenges Insider-Gesetz. In der Bundesrepublik existieren solche Insiderregeln nur in weit abgeschwächterer Form.

Eine amüsante Gruppe von Börsenteilnehmern sind die ›Börsenbienen‹ oder ›Trüffelschweine‹. Dies sind Anleger, die nicht der Kurschancen oder der Dividende wegen Aktien erwerben, sondern wegen des Rechts zur Teilnahme an Hauptversammlungen.
Eine Kölnerin beispielsweise erwirbt ein oder zwei Stollwerck-Aktien, um an der jährlichen Hauptversammlung im vornehmen Kölner Gürzenich teilnehmen zu können. Dort gibt es neben geselliger Unterhaltung vor allem eine Naturaldividende, die aus einem guten Essen und einem großzügigen Geschenkpaket aus Produkten des Unternehmens besteht.
Ein Dortmunder mag dagegen eine DAB-Aktie kaufen, um einmal jährlich auf der dortigen Hauptversammlung neben einem kostenlosen guten Essen jede Menge Freibier des Hauses genießen zu können.

4. Die Börsensprache

Jede Profession hat ihre eigene, ihren jeweiligen beruflichen Problemen entsprechende Fachsprache, so auch die ›Börsianer‹. Die Fachsprache ist Ausformung des ökonomischen Prinzips in der Kommunikation einer Profession. Mehr als anderso gilt bei den Börsianern das geflügelte Wort ›time is money‹. Die Fachsprache der Börsianer ist daher äußerst knapp; angesichts der vielfältigen Unwägbarkeiten des Börsengeschäfts aber auch sehr psychologisch bis poetisch. Vielfach wird im Bonmot die Börse mit einer schönen Frau verglichen, die sich ihre Launen leisten kann.

a) Der Börsenbericht

Berichte über den Stand und die Entwicklung der Situation an den Börsen finden sich im Wirtschaftsteil der größten Tages- und Wochenzeitungen. Sie drücken die dominierende Marktmeinung in oft sehr farbigen Worten aus. Die Grundfrage ist immer, welche generelle Tendenz vorherrscht, nämlich die einer Hausse oder die einer Baisse. Die Begriffe ›Hausse‹ und ›Baisse‹ umschreiben eine mehr oder weniger starke bis stürmische Entwicklung der Aktienkurse nach oben bzw. unten. Der Zustand zwischen diesen beiden Grundtendenzen wird als Schaukelbörse bezeichnet.
Um die dominierende Marktmeinung an der Börse zu beschreiben, verwendet die Fachpresse sehr bildhafte Formulierungen folgender Art:

Keine Angst vor neuen Höhen

Von HERMANN KUTZER

Im Gegensatz zur Kursentwicklung stellt sich das Umfeld der Börsen recht undramatisch dar. Doch sieht es so aus, als brauchten die Aktienmärkte derzeit auch keine neuen Impulse - solange wie der Dollar steigt und die Zinsen sinken. Die Hausse ist noch nicht zu Ende.

HANDELSBLATT, Sa./So., 12./13.7.97

FRANKFURT/M. Den schier endlosen Aktienanstieg plausibel zu begründen, gleichzeitig vor Überhitzungserscheinungen vorsorglich zu warnen, ohne freilich in Pessimismus zu verfallen, ist derzeit eine kaum lösbare Aufgabe für die Analysten. Wer hatte eine solche Entwicklung schon vorhergesehen - wichtiger noch: vorhergesagt? Beim Blick auf den Kapitalmarkt ist es ähnlich. Auch hier kann sich das angeschlagene Selbstvertrauen der ständig schiefliegenden Propheten kaum erholen. Doch läßt sich ein Unterschied ausmachen: Während die Vermutung bleibt, daß es über kurz oder lang - Spötter würden formulieren: „frühestens mittelfristig" - unter Führung der USA auch bei uns zu einer Zinswende kommen wird, ist die Skepsis gegenüber dem aktuellen Aktien-Alpinismus nicht ausgeprägt.

Quelle: *Handelsblatt* 14. 7. 1997

Eine haussierende Börse mit steigenden Kursen wird je nach Ausmaß und vorhergehender Entwicklung mit ›leicht erholt, gut erholt, kräftig, erholt, gebessert, leicht gebessert, freundlich, etwas freundlicher, sehr fest, fest u. ä.‹ umschrieben.
Eine baissierende Börse mit fallenden Kursen wird je nach Ausmaß und vorhergehender Entwicklung mit ›leicht abbröckelnd, nachgebend, leicht nachgebend, etwas schwächer, rückläufig, schwach, mutlos etc.‹ umschrieben.
Eine Schaukelbörse mit wenig veränderten oder unklaren Kurstendenzen wird mit ›wenig verändert, unverändert, widerstandsfähig, uneinheitlich, behauptet, gehalten, gut behauptet etc.‹ umschrieben.
Der oben abgedruckte Börsenbericht des Handelsblattes vom 14. Juli 1997 beschreibt diese allgemeine Tendenz der Aktienkurse an der Börse. Er enthält überdies häufig Hinweise zur Entwicklung einzelner Aktienkurse an den anderen deutschen Börsenplätzen und zu der sog. Nachbörse nach Börsenschluß, zum Rentenmarkt, zu den Kursen junger Aktien sowie zu gehandelten Bezugsrechten.

b) Der Kurszettel

Im Kurszettel werden die fortlaufenden Notierungen der Kurse der an einer der acht deutschen Börsen gehandelten Aktien aufgelistet und mit technischen Hinweisen zu Stand und Entwicklung des Börsenhandels versehen.

Der nebenstehend abgedruckte Auszug aus dem Kurszettel des Handelsblattes zeigt diese fortlaufenden Notierungen der Aktienkurse an einem beliebigen Börsentag (hier am 11.7.1997).
Hinter vielen der notierten Aktienkurse stehen Kürzel wie G, B, ex D, ex BR etc. Die Liste dieser Kürzel ist lang. Sie beschreiben das Verhältnis von Angebot und Nachfrage für eine bestimmte Aktie an einem bestimmten Börsentag. Sie

Dax 100-Werte im Überblick

11.7.97	WPKN	Letzte Div.	Div.-Sch. für 1997	Börsenkap. in Mill. DM	Eröffnung	Tages H/T	Kassa	Frankfurter Kurse Schluß	Veränd.
Dax-30									
Allianz NA vink.(5)	840400	1,70	1,70	96255,70	409,00xD	19,50 07,50	410,00xD	416,00xD	+ 9,50
BASF (5)	515100	1,70	1,80	41718,51	67,60b	67,73 66,55	67,55b	66,97b	- 0,33
Bayer (5)	575200	1,70	1,80	53790,77	73,00b	73,35 72,45	72,75b	72,45b	- 0,45
Bayernhyp (5)	802000	1,45	1,45	14035,13	55,75b	56,55 55,70	55,90b	56,50b	+ 1,70
Bay.Vereinsbank (5)	802200	1,60	1,60	19261,45	74,10b	75,70 74,10	75,00b	75,50b	+ 2,80
BMW StA	519000	15,00	16,00	28647,50	1487,00b	87,00 80,00	1484,00b	1486,00b	+ 11,00
Commerzbank (5)	803200	1,35	1,35	20963,74	51,50b	52,25 51,25	51,40b	52,00b	+ 1,12
Daimler (5)	550000	1,10	1,30	74871,60	146,00b	46,00 44,90	145,30b	145,05b	+ 0,25
Degussa (5)	551200	1,30	1,40	8518,32	92,50b	92,60 91,50	92,00b	92,00b	- 0,10
Deutsche Bank (5)	804010	1,80	k. A.	52696,07	104,10b	06,45 04,10	105,35b	106,05b	+ 3,45
Dt. Telekom (5)	555700	0,60	1,20	117430,40	42,75b	42,90 42,55	42,60b	42,55b	- 0,25
Dresdner Bank (5)	804610	1,55	1,60	32196,64	68,20b	69,05 68,00	68,70b	68,70b	+ 2,20
Hoechst (5)	575800	1,40	1,50	46040,40	78,20b	78,55 77,95	78,35b	78,55b	+ 0,95
Karstadt	627500	10,00	10,00	5061,00	619,00b	19,00 06,00	610,00b	610,00bG	+ 15,00
Linde	648300	17,50	18,50	11172,00	1330,00b	40,00 90,00	1335,00b	1290,00b	- 34,00
Lufthansa (5)	823210	0,50	0,60	12630,96	33,25b	33,65 32,75	33,50b	32,75b	+ 0,15
MAN StA	593700	12,00	12,00	7903,05	541,00b	41,00 36,00	537,50b	540,00b	- 2,00
Mannesmann	656000	9,00	10,00	29472,00	800,00b	01,00 95,00	798,00b	796,50b	+ 0,50
Metro StA (5)	725750	4,00	4,40	20590,43	212,50b	20,50 12,50	216,50b	220,00b	+ 10,40
Münchner R. NA(100)	843002	16,00	16,00	47707,97	5660,00b	30,00 55,00	5820,00b	5950,00b	+390,00
Preussag	895200	12,00	12,00	8103.42	541,00b	43,00 38,00	539,10b	543,00b	+ 15,50
RWE StA (5)	703700	1,50	1,60	38902,39	76,05b	76,05 74,60	75,60b	74,60b	- 1,10
SAP VA (5)	716463	2,35	2,50	41953,90	411,00b	13,30 05,00	413,30b	406,50b	- 5,30
Schering (5)	717200	2,00	2,30	13251,13	193,50b	95,80 93,50	195,00b	195,30b	+ 1,50
Siemens (5)	723600	1,50	1,50	61625,33	112,90b	13,00 12,40	112,40b	112,60b	+ 2,80
Thyssen	748500	8,00	8,00	13249,29	431,00b	33,00 31,00	433,00b	432,00b	+ 9,50
Veba (5)	761440	1,90	2,00	50466,36	103,50b	03,60 02,30	103,00b	102,30b	+ 0,35
Viag	762620	12,00	13,00	20987,78	795,50b	98,00 92,00	796,00b	793,50b	+ 7,50
VW StA	766400	9,00	11,00	50169,50	1450,00b	56,00 18,00	1425,00b	1425,00bB	- 28,00
1	2	3	4	5	6	7	8	9	10

Quelle: *Handelsblatt* 11. 7. 1997

Legende:

Der Kurszettel im *Handelsblatt* hat zehn Spalten:

1 = Hier stehen die Namen der gehandelten und an der Börse fortlaufend notierten Aktien.

2 = Diese Zahlen geben die Wertpapierkennummer der verschiedenen Aktien an.

3 = Diese Zahlen geben die Höhe der Dividende in DM pro Stück an, die zuletzt gezahlt wurde.

4 = Diese Zahlen geben die Höhe der Dividende in DM pro Stück an, die im laufenden Jahr gezahlt wird.

5 = Umfang des an der Börse gehandelten Börsenkapitals des Unternehmens

6 = Eröffnung: erster notierter Kurs an diesem Börsentag.

7 = Tages H / T: erreichte Höchst- und Tiefstkurse (Kursverlauf) während der Börsensitzung.

8 = Kasse: Durchschnittlicher Tages- bzw. Einheitskurs, zu dem kleinere oder dafür bestimmte Geschäfte abgewickelt werden.

9 = Schluß: Kurs am Ende der Börsensitzung.

10 = Veränderung: Kurssteigerung bzw. -rückgang gegenüber dem Vortag.

bieten dem routinierten Börsianer Anhaltspunkte für die Einschätzung der weiteren Kursentwicklung. Wird zum Beispiel der Wert der Aktie Nixdorf mit 327-G (sprich: Geld) notiert, bedeutet dies, daß zu diesem Börsenkurs die Anleger bzw. Käufer bereit waren, ›Geld‹ in diesem Aktienwert anzulegen. Es traten jedoch keine Anbieter bzw. Verkäufer auf, die zu diesem Kurs zu verkaufen bereit waren. Es kam deshalb kein Umsatz zustande.

Die Aktien des Chemiekonzerns Hoechst wurden an einem bestimmten Tag mit 305-bG (sprich: bezahlt Geld) notiert. Das bedeutet, daß zu diesem Kurs von 305 DM nur ein Teil der Kaufaufträge ausgeführt werden konnte, aber noch weitere Nachfrage zu diesem Kurs bestand.

Der umgekehrte Fall wird mit den Kürzeln B (sprich: Brief) bzw. bB (sprich: bezahlt Brief) umschrieben. Das bedeutet, daß die Verkaufswünsche zu diesem Aktienkurs befriedigt werden konnten, aber noch weitere Anbieter bereit waren, zu diesem Kurs zu verkaufen. Es bestand also noch Angebot.

An einem Börsenplatz kennt jeder jeden. Börsenprofis können sich gegenseitig vertrauen. Sie müssen es auch, denn das Aktiengeschäft ist sehr hektisch und funktioniert, wie jeder bei Besichtigung einer Börse beobachten kann, auf lauten Zuruf, noch – bis der Computer endgültig die Zeit der stummen Börse einläutet. Deshalb gilt an allen Börsen das geflügelte Wort und Motto der Londoner Börse: ›my word is my bond‹ – ›es gilt das gesprochene Wort.‹

Mehr und mehr erleichtert der Computer und die elektronische Anzeigentafel den Handel zwischen Angebot und Nachfrage an der Börse. Dort werden während des Mittagshandels die Aktienkurse elektronisch ausgeworfen und teils um die ganze Welt ausgestrahlt. Um das Geschehen an der Börse und die Börsenblätter sowie den Wirtschaftsteil der Zeitungen verstehen zu können, muß der Aktienbesitzer die Fachbegriffe der Börse verstehen. Die wichtigsten und gängigsten Kursbegriffe sind:

Abkürzung	Geschrieben	Bedeutung
G	Geld	Zu diesem Kurs bestand nur Nachfrage, aber kein Angebot.
B	Brief	Zu diesem Kurs bestand nur Angebot, aber keine Nachfrage.
-	gestrichen	Mangels Angebot an Nachfrage konnte kein Kurs festgestellt werden.
-G	gestrichen Geld	Wegen überwiegender Nachfrage konnte kein Kurs festgestellt werden.
-B	gestrichen Brief	Wegen überwiegenden Angebots konnte kein Kurs festgestellt werden.
-T	gestrichen Taxe	Der Aktienkurs ist geschätzt, weil mangels Angebot und Nachfrage kein Kurs festgestellt werden konnte.
ex D	ohne Dividende	Erste Aktiennotiz nach einer Dividendenzahlung. Wer also jetzt kauft, hat erst in einem Jahr wieder Anspruch auf Dividende.
ex BR	ohne Bezugsrecht	Erste Aktiennotiz unter Ausschluß eines Bezugsrechts.
ex BA	ohne Berichtigungsaktien	Erste Kursnotiz nach Umstellung des Aktienkurses auf das aus Gesellschaftsmitteln berichtigte Aktienkapital.
b oder Kurs ohne Zusatz	bezahlt	Alle Aufträge sind zu diesem Kurs ausgeführt.
bG	bezahlt Geld	Nur ein Teil der Kaufaufträge konnte zum festgestellten Kurs ausgeführt werden; es bestand weitere Nachfrage.
bB	bezahlt Brief	Nur ein Teil der Verkaufsaufträge konnte zum festgestellten

Abkürzung	Geschrieben	Bedeutung
		Kurs ausgeführt werden; es bestand weiteres Angebot.
ebG	etwas bezahlt Geld	Nur ein sehr geringer Teil der Verkaufsaufträge konnte zum festgestellten Kurs ausgeführt werden. Es bestand noch erhebliche Nachfrage.
ebB	etwas bezahlt Brief	Nur ein sehr kleiner Teil der Verkaufsaufträge konnte zum festgestellten Kurs ausgeführt werden. Es bestand noch erhebliches Angebot.
ratG	rationiert Geld	Die zu diesem Aktienkurs und darüber limitierten sowie die unlimitierten Kaufaufträge konnten nur beschränkt ausgeführt werden.
ratB	rationiert Brief	Die zu diesem Aktienkurs und niedriger limitierten sowie die unlimitierten Verkaufsaufträge konnten nur beschränkt ausgeführt werden.
*	Sternchen	Kleine Beträge konnten nicht gehandelt werden.

Börsenprofis können aus diesen technischen Kürzeln natürlich eher als der durchschnittliche Privatanleger erkennen, welche Aktien gerade besonderes Interesse verdienen.

c) Die Aktienkurse

Im Börsengesetz 29 ist geregelt, wie der Börsenkurs einer Aktie festzustellen ist. Danach soll derjenige Kurs festgesetzt werden, der der Geschäftslage des Handels an der Börse entspricht. Der Kursmakler muß also denjenigen Kurs errechnen, mit dem sich die Mehrzahl der Käufer und Verkäufer einverstanden erklärt, demnach der Kurs, zu dem die meisten Umsätze realisiert werden können. Dies ist der Kassa- oder Einheitskurs.

Kassakurs/Einheitskurs
Der Kassa- oder Einheitskurs wird für die zum variablen Handel zugelassenen Aktien während der mittäglichen Börsenzeit nicht fortlaufend, sondern nur einmal festgesetzt. Ein Einheitskurs bzw. Kassakurs wird überdies für alle diejenigen Wertpapiere ermittelt, die nicht zum sog. variablen Handel zugelassen sind.
Der Einheits- oder Kassakurs wird gegen Ende der zweiten Börsenstunde für alle diejenigen Börsenaufträge festgestellt, die
a) unter der Anzahl von 50 Stück liegen (sog. odd lots),
b) laut Auftrag des Verkäufers bzw. Käufers zum Einheitskurs oder Kassakurs durchgeführt werden sollen,
c) aufgrund eines weniger breiten Marktes einer Aktie im variablen Handel nicht durchgeführt werden können.

Der wichtigste Nachteil der Einheitsnotierung ist, daß Aufträge, die nach der Kursfestsetzung an der Börse eingehen, nicht mehr berücksichtigt werden. Selbst gravierende wirtschaftliche, politische o. a. Ereignisse des Börsentages, die danach noch bekanntgeworden sind, können den Wert des Einheitskurses am gleichen Tag nicht mehr beeinflussen.

Fortlaufende oder variable Notierung
Aktien, die im sog. variablen Handel notiert werden, sind Wertpapiere von Aktiengesellschaften mit einem Aktienkapital von mindestens 10 Mio. DM und hohen Umsätzen. Für diese Aktien können während der mittäglichen Börsenzeit jederzeit Kurse festgesetzt werden, wenn mindestens 50 Stück oder ein Mehrfaches dieser Beträge umgesetzt wer-

den. Bei diesen Aktien wird neben dem Einheitskurs auch der erste und der Schlußkurs des Börsentages notiert. Sind die fortlaufenden Notierungen jedoch gestrichen (z.B. Hoechst 300–), so bedeutet dies, daß diese Voraussetzung fehlte und deshalb nur der Einheitskurs (Hoechst 300–) berechnet wurde.

Errechnung des Börsenkurses
Grundlage für die Errechnung des Börsenkurses der einzelnen Aktienwerte sind für den Makler die Nennbeträge bzw. Stückzahlen und die von den Käufern bzw. Verkäufern angegebenen Kurslimits.

Beispiel:
Angenommen, der Börsenmakler hätte für die Preussag-Aktie folgende Verkaufs- und Kaufaufträge in seinem *Skontro-Buch zur Kursermittlung* notiert:

LIMITS	Verkaufsaufträge	Summe der Verkaufsaufträge	Kaufaufträge	Summe der Kaufaufträge	Max. Umsatz
bestens	600	600	--	--	--
350	550	1550	1200	4700	1150
352	400	1550	900	3500	1150
354	700	2250	600	2600	2250
355	800	3050	700	2000	2000
356	800	3850	400	1300	1300
358	1100	4950	100	900	900
billigst	--	--	800	800	--

Der Börsenmakler errechnet nun den Kurs, bei dem der größtmögliche Umsatz erzielt wird, d.h. die Anzahl der Aktien, bei der die größte Anzahl an Käufern und Verkäufern zum Zuge kommt.

Beispiel:
Bei einem Börsenkurs von:

358 DM würden alle 4950 Aktien verkauft, jedoch nur 900 (800 billigst + 100 zu 358) gekauft = möglicher Umsatz 900 Stück

356 DM würden 3850 Aktien verkauft und 1300 gekauft = möglicher Umsatz 1300 Stück

355 DM würden 3050 Aktien verkauft und 2000 gekauft = möglicher Umsatz 2000 Stück

354 DM würden 2250 Aktien verkauft und 2600 gekauft = möglicher Umsatz 2250 Stück

352 DM würden 1550 Aktien verkauft und 3500 gekauft = möglicher Umsatz 1550 Stück

350 DM würden 1150 Aktien (600 bestens + 550 zu 350) verkauft und 4700 (alle Nachfrager) gekauft = möglicher Umsatz 1150 Stück

Der größte Umsatz besteht beim Börsenkurs von 354 DM. Der Makler wird den Tageskurs dieser Aktie auf 354 DM festlegen – bzw. der Computer an der automatisierten Börse. Bei diesem Kurs können jedoch Kaufaufträge für 350 Aktien nicht ausgeführt werden, da dem Angebot von 2250 Stück eine Nachfrage von 2600 Stück gegenübersteht. Der Tageskurs wird darum mit dem Zusatz bG notiert, also 354– bG. Verändern sich die Aktienkurse wegen eines starken Angebots oder einer starken Nachfrage gegenüber dem Vortage um mehr als fünf Prozent nach oben oder unten, werden sie an der Maklertafel mit einem + oder einem – angeschrieben. Eine Erhöhung oder Senkung um mehr als zehn Prozent wird mit doppelter Plus- bzw. Minusankündigung angezeigt. Solche starken Veränderungen treten häufig bei Ereignissen auf, die auf besondere Chancen oder Risiken für die zukünftige Entwicklung bei einer Aktiengesellschaft schließen lassen, beispielsweise als VW nach einigen dividendenlosen

Geschäftsjahren eine Dividende von 5 DM pro Aktie ankündigte, oder als Daimler-Benz sich bei AEG beteiligte und das breite Börsenpublikum höhere Erträge für die Zukunft erwartete und darauf mit verstärkter Nachfrage reagierte. Umgekehrt entsteht bei Bekanntgabe von Verlusten, die bei einer Gesellschaft in solcher Höhe nicht erwartet wurden, die gegenteilige Wirkung. Viele Aktionäre wollen verkaufen, das Angebot überwiegt die Nachfrage. Folge: Minus- oder doppelte Minusankündigung an diesem Börsentag.
Künftig werden die aktuellen Tageskurse jedoch nicht mehr gleichsam per Hand durch vereidigte Makler an den acht Börsen in der Bundesrepublik ermittelt, sondern zentral – in Frankfurt – automatisch per Computer berechnet. Der Aktienmarkt wird transparenter und noch schneller.

5. Die Steuern des Anlegers

Die Freude des Anlegers an erfolgreichen Wertpapiergeschäften in Aktien bleibt nicht ungetrübt. Der Staat verdient mit und das unter Umständen sogar kräftig. Der Anleger muß vor Ausführung seiner Aktienkäufe und -verkäufe nicht nur die anfallenden Spesen, Depotgebühren und sonstigen Aufwendungen einkalkulieren, sondern auch die anfallenden Steuern.
Die laufenden Erträge aus Aktienbesitz, die Dividenden und evtl. sonstigen Bezüge aus Aktien unterliegen grundsätzlich der *Einkommensteuer.* Die Kapitalertragsteuer beträgt z. Zt. 25 % (§ 43–45 EStG) und wird von der Dividendenzahlung auf Aktien direkt abgezogen und von der Bank an das Finanzamt abgeführt. Im Rahmen seiner Einkommensteuererklärung kann der Anleger diese Steuervorauszahlung später erstattet bekommen. Werden bestimmte Einkommensgrenzen nicht überschritten, kann sich der Anleger von seinem Finanzamt eine Nichtveranlagungs-Bescheinigung ausstellen lassen, die ihn von der Steuer befreit.

Aktionäre unterliegen praktisch einer doppelten Besteuerung. Als ›Unternehmenseignern‹ werden ihnen vom Gewinn ihrer Aktiengesellschaft zunächst 36 % *Körperschaftsteuer* auferlegt. Die restlichen 64 % werden als versteuerter Gewinn in Form der Dividende ausgeschüttet. Von dieser Dividende werden dem Aktionär dann noch einmal 25 % Kapitalertragsteuer abgezogen und ans Finanzamt abgeführt. Aktionäre können sich die einbehaltene 25%ige Kapitalertragsteuer sowie die bereits im Unternehmen vorweg abgezogene 36%ige Körperschaftsteuer auf ihre Einkommensteuerschuld in Form einer Steuergutschrift anrechnen lassen.

Erzielt ein Anleger durch den Verkauf von Aktien einen gegenüber dem Einstandskurs höheren Verkaufskurs, so unterliegt dieser Kursgewinn der *Einkommensteuer auf Spekulationsgeschäfte, wenn diese Aktien weniger als sechs Monate (künftig ein Jahr) im Depot gehalten wurden.* Spekulationsgewinne bleiben aber steuerfrei, wenn sie weniger als 1000 DM im Jahr betragen. Veräußerungsverluste innerhalb der Sechsmonatsfrist können gegen Veräußerungsgewinne aufgerechnet werden. Kursgewinne aus Aktienan- und -verkäufen (oder Verluste), die nach mehr als sechs Monaten realisiert werden, bleiben steuerfrei (§ 23 EStG).

Von den Kapitaleinkünften aus Aktienbesitz können nachgewiesene *Werbungskosten* abgezogen werden, dazu zählen:

- Aufwendungen für Depotverwaltung und Kontoführung, wie Spesen, Gebühren, Börsenprogramme,
- Aufwendungen für die Informationsbeschaffung, wie Zeitschriften, Bücher, BTX, Telefonate, Porto, Datendisketten,
- Aufwendungen für Fahrten und Besuch von Bank und Hauptversammlungen,
- Aufwendungen für Kreditaufnahme zwecks Aktienerwerb, wie insbesondere Zinsen.

2. KAPITEL

Strategie und Timing

1. Portefeuille-Anlage

Das Portefeuille-Problem ist die Frage danach, wie ein Anlagedepot nach verschiedenen Gesichtspunkten in optimaler Weise aus unterschiedlichen Anlageformen wie Aktien, Gold, Anleihen etc. gemischt und zusammengesetzt und welche Werte, hier Aktien, dafür am besten ausgewählt werden sollten.
Ein Anleger, der beispielsweise 100000 DM anlegen will, möchte zum einen eine möglichst hohe Rendite auf sein eingesetztes Kapital erzielen. Zum anderen möchte er nur ein geringes Verlustrisiko eingehen. Und schließlich möchte er sein eingesetztes Kapital, zuzüglich Gewinn, gegebenenfalls sofort oder in ein paar Jahren problemlos wieder in Liquidität zurückverwandeln können.
Für die Planung der Zusammensetzung eines Wertpapierdepots muß sich der Anleger mithin entscheiden, wie er diese *strategischen* Gesichtspunkte der Portefeuille-Anlage in seinen konkreten Anlageentscheidungen umsetzen will, also
a) wie weit das *Zeitlimit* der Anlage gesetzt werden soll,
b) wie die *chancenreichsten* Einzelwerte bestimmt werden sollen, und
c) wie das *Anlagerisiko* möglichst gering gehalten werden soll.

Die Frage der Anlagestrategie ist im einzelnen die Frage danach, wie und in welchem Umfang diese Gesichtspunkte bzw. Kriterien bei der Auswahl und Mischung von Aktienwerten umgesetzt werden sollen.

a) Zeitlimitierung: Investing und Trading

Grundsätzlich gilt für jeden Anleger zunächst die Überlegung, ob er für sein Gesamt-Depot oder einen einzelnen Aktienwert auf kurzfristige Spekulationsgewinne oder längerfristige Investitionsgewinne abzielt. Ersteres wird als Trading, letzteres als Investing bezeichnet. Das eine schließt das andere natürlich nicht aus. Die Versuchung ist jedoch groß, ein fehlgegangenes Trading zu einem Investment umzuerklären, in der Hoffnung, den Verlust eines Tages wieder ausgleichen zu können.
Der Anleger sollte sich also von vornherein einen realistischen *zeitlichen Rahmen* für seine jeweilige Anlage setzen. Stellt sich diese Ausgangsüberlegung eines Investments binnen kurzem als Irrtum heraus, ist es in der Regel zwecklos, die Anlage fortzusetzen.
Erwartet ein Anleger zum Beispiel, daß die Zinsen in den nächsten Monaten fallen werden, dann lassen sich nach bisherigen Erfahrungen mit Bankaktien gute Kursgewinne erzielen, weil diese in der Regel dann ihre Zinsgewinne vergrößern und damit besser verdienen können. Außerdem verdienen die Banken bei sinkenden Zinsen mit ihren meist erheblichen Anleihebeständen an steigenden Kursgewinnen.
Ein realistischer Zeithorizont für Zinssenkungen und damit für eine Hausse in Bankaktien ist aber mindestens etwa ein Jahr. Entwickeln sich die Zinsen in ein paar Monaten unerwartet in die entgegengesetzte Richtung und steigen, muß der Anleger Bilanz ziehen und überlegen, ob er seine Bankaktien besser verkauft, um eventuell weitere Verluste zu vermeiden.
Ein anderes Beispiel: Für eine ›lahmende‹ Computer-Aktiengesellschaft sind Übernahmeerwartungen durch einen größeren in- oder ausländischen Konzern im Umlauf. Die mögliche Übernahme oder Beteiligung wird den Kurs nach aller Erfahrung erheblich steigen lassen. Einige Wochen später stellt sich die Übernahmeerwartung als falsch heraus.

Wenn der Anleger nicht schon rechtzeitig verkauft hatte, muß er sich überlegen, ob Substanz und Ertragschancen des Unternehmens auch ein längerfristiges Engagement lohnen, oder ob er seine ursprüngliche kurzfristige Spekulation besser glattstellt.
Das geringste Risiko geht derjenige Anleger ein, der sein Kapital längerfristig in sog. Blue chips investiert. Das sind Standardwerte in Branchen, die auf lange Sicht die größten Wachstumschancen in der Volkswirtschaft haben. Dazu gehört beispielsweise die Computerbranche, die Umweltschutzindustrie, aber auch die klassischen Wachstumsaktien der Banken und Versicherungen sowie die Standardwerte der Chemie und Industrie. Die Anlage in solchen Werten ist allerdings nichts für sog. ›Drei-Monats-Zocker‹, sondern verlangt neben richtigem Timing häufig Geduld und Ausdauer. Spektakuläre kurzfristige Gewinne sind hier seltener zu erwarten, aber ebensowenig auch spektakuläre kurzfristige Kursverluste. Über die Monate und Jahre verzeichnen Werte der Wachstumsbranchen jedoch meist kontinuierliche Kurszuwächse. Zu den Aktiengesellschaften der Wachstumsbranchen zählt beispielsweise die Deutsche Babcock, die aufgrund ihres Engagements im Bereich der Umweltschutztechnik langfristig von den steigenden Umweltschutzauflagen und -investitionen profitieren wird mit der Folge, daß sich dies auch im Kurs der Gesellschaft niederschlagen müßte.
Für einen Anleger, der auf eine mehrjährige konjunkturelle oder technologische Zukunftsentwicklung wie mehr Umweltschutz spekuliert und sich entsprechende Aktienwerte kauft, sind einige Jahre Anlagefrist nicht unrealistisch, bis sich seine Investition voll auszahlt.
›Trading‹ ist dagegen die vorherrschende Anlagestrategie der Profis in der Kulisse. Ziel dieser Strategie ist es, die kurzfristigen Schwankungen der Kurse zu nutzen. Der Trader sucht solche Aktienwerte aus, deren Kurse nach einem gewissen Kursabstieg wieder einen Kursanstieg von vielleicht

3 %, also eine Pendelbewegung gemacht haben. Er sucht nach kurzfristigen Bottom-up- und Top-down-Formationen. Ziel ist ein 10–15%iger Kursgewinn innerhalb kurzer Zeit (ca. zwei Wochen bis maximal drei Monate). Dann erfolgt Glattstellung.

Falls der erwartete Kursanstieg ausbleibt oder die Aktie sogar fällt, gibt der Trader, beispielsweise nach vielleicht 10 % Kursverfall, eine stop-loss-order, um den möglichen Verlust zu begrenzen. Dies birgt allerdings die Gefahr, daß der Anleger womöglich aus einer vielleicht guten Anlage vorzeitig wieder aussteigt und den späteren Gewinn verfehlt. Der Trader wird tendenziell eher Spezialwerte als Blue chips (Standardwerte der Großunternehmen) auswählen, insbesondere solche mit größerer Volatilität, also Aktien, die beispielsweise aufgrund eines engen Marktes größere Kursschwankungen aufweisen und kurzfristige Gewinnmitnahmen ermöglichen – Geld und Glück vorausgesetzt. Zugleich wird beim Trading die Anlage auf eine Vielzahl von Aktienwerten diversifiziert. Dies schafft einen Risikoausgleich; falls der eine oder andere Wert verliert, gewinnen die anderen. Für das Trading braucht der Anleger daher einen hohen Grad an flexiblem Denken.

Bei kurzfristigem Trading – weniger als sechs Monaten Aktienbesitz – fällt bei Gewinnen Spekulationssteuer an. Dies kann zu einem Entscheidungsproblem werden. Steigen zum Beispiel die Kurse der unter kurzfristigen Gesichtspunkten gekauften Aktien in drei Monaten erheblich, muß der Anleger abwägen, ob er lieber Kasse – *mit* dem Fiskus – macht oder ob er weitere drei unsichere Monate wartet – und bei eventuell geringerem Kurs – aber *ohne* Fiskus – verkauft.

b) Chancenmaximierung: Stock-picking und Blue chips

Das Wort ›Spekulieren‹ (lat. speculari), d. h. ausspähen von Gelegenheiten, sagt bereits, worum es geht, nämlich das

Ausfindigmachen der chancenreichsten Werte am Aktienmarkt, seien es sogenannte ›Spezialwerte‹, beispielsweise die Aktie einer innovativen Software-Firma oder ›Standardwerte‹, Blue chips genannt, wie Daimler, IBM oder Nestlé, die eventuell gerade zu besonders günstigen Einstiegskursen zu kaufen sind. Eine Möglichkeit hierzu ist der Vergleich der Risiko-Gewinn-Erwartungen. Beispielsweise stünden einem Anleger nach Meinung seines Börseninformationsdienstes mehrere Aktien zur Auswahl. Für jedes der in Frage kommenden Wertpapiere ist der erzielbare Gewinn natürlich nicht mit Sicherheit vorhersehbar. Der Anleger könnte daher diejenigen Aktien auswählen, bei denen der Wert des erwarteten Gewinnzuwachses (beispielsweise von 10 bis 200 %), geteilt durch einen Risikofaktor (beispielsweise von 1 bis 10) am größten ist. Er würde also jedem einzelnen Papier eine bestimmte Gewinnerwartung und einen bestimmten Risikofaktor zuordnen. Das setzt voraus, daß der Anleger die in Frage kommenden Papiere hinsichtlich Gewinnchancen und Verlustrisiko hinlänglich einschätzen kann.
›Stock-picking‹ (engl. ›stock‹ für Aktien, ›picking‹ für herausgreifen) ist das gezielte Heraussuchen von ›Rosinen‹ aus dem Aktienangebot an der Börse, z. B. das Heraussuchen sog. ›turn-around-Werte‹. Turn-around-Werte sind Aktiengesellschaften, die eine längere Verlustphase hinter sich haben. Dies kann an bestimmten Produkten, an der Branche oder auch am wirtschaftlichen oder politischen Umfeld der Gesellschaft gelegen haben. Die Kurse der Aktien solcher Gesellschaften notieren denn auch mehr oder weniger am Tiefststand. Beim ›Stock-picking‹ geht es gewissermaßen darum, aus dem großen Reservoir an Aktienwerten besonders chancenreiche ›Schnäppchen‹, wie der Kölner sagt, herauszufinden.
Solche ›Schnäppchen‹ weisen fast immer folgende Merkmale auf: Der Wert ist in letzter Zeit im Kurs sehr stark gefallen. Die Aktie ist im historischen Vergleich auf einem absoluten Tiefststand. Die Nachrichten um die Gesellschaft

sind düster. Die Existenz des Unternehmens wird jedoch nicht wirklich angezweifelt. Es gibt Übernahmegerüchte. Im Management bahnt sich ein größeres Revirement an.
Solche Aktien bieten besonders hohe Chancen, sobald die negativen Nachrichten über das Unternehmen ausgeschöpft und ausgereizt sind und sobald die ersten Anhaltspunkte zeigen, daß es der Branche oder der Gesellschaft wieder besser gehen wird. Bestätigt sich diese Einschätzung an der Börse, dann kommt es zur Turn-around-Situation, die immer mehr Käufer an der Börse anlockt und den Kurs wieder in die Höhe treibt. Ein solcher Fall lag im Jahre 1988 beispielsweise mit Siemens vor. Diese Gesellschaft erlebte innerhalb weniger Monate einen Kursverfall von 800 auf rund 300 DM. In der einschlägigen Wirtschaftspresse konnte man nur Negatives über Siemens lesen. Innerhalb einer Halbjahresfrist stieg der Kurs dann wieder auf über 500 DM. Ähnlich erging es der Lufthansa-Aktie, die nach längerem Kursverfall im Jahre 1981 einen Tiefststand und im Jahre 1985/86 einen neuen Rekordhöchststand erreichte. Andere Turn-around-Aktien waren Hapag Lloyd 1983/84 oder 1989/90 Nixdorf.

c) Risikominimierung: Cost averaging und Diversifizierung

Ist der Anleger der Überzeugung, einen Turn-around-Wert oder einen langfristigen Wachstumswert, der mittel- und langfristig deutliche Kursgewinne verspricht, ausgewählt zu haben, muß er sich eine Kaufstrategie überlegen. Dabei kann der Anleger zu einem Zeitpunkt einkaufen, an dem er einen weiteren Kursverfall kaum mehr für denkbar hält. Kurz darauf sinkt der Kurs jedoch weiter. Unter der Voraussetzung, daß die positive Einschätzung der Aktie als Turn-around- oder Wachstumswert weiterbesteht, ist es für den Anleger zweckmäßig, seinen Einstandspreis für die Aktie durch Nachkaufen auf dem ermäßigten Kursniveau zu verringern. Aus diesen Überlegungen heraus kann es sinnvoll sein, die Aktie nicht an einem Tag zu einem einzigen Kurs einzukaufen, sondern in der Tiefstzone durch eine Serie von Zukäufen den durchschnittlichen Einstandspreis der Aktie möglichst niedrig zu halten. Diese als ›Cost averaging‹ bezeichnete Strategie birgt allerdings ein Risiko: Trotz weiterer Zukäufe kann es dem Anleger passieren, daß der Kurs weiter fällt und fällt, er mit dem Nachkaufen, wie der Börsianer sagt, ›gutes Geld schlechtem Geld hinterherwirft‹. Voraussetzung für das Averaging ist daher, daß der Anleger bei der Auswahl seines Wertes sicher sein kann, daß es sich um einen langfristigen Wachstumswert handelt, daß das Unternehmen und die Branche auf lange Sicht wachsen werden und die Ertragsaussichten des Unternehmens fundamental in Ordnung sind. Wenn diese Voraussetzungen zutreffen, darf sich der Anleger auch durch vorerst glückloses Zukaufen nicht irre machen lassen, sondern sollte sich mit Geduld wappnen. Für den Kleinanleger eignet sich dieses Verfahren allerdings nur bedingt.

Diversifizierung bedeutet demgegenüber, daß der Anleger sein Geld nicht auf einen einzigen Aktienwert setzt, sondern sein Anlagekapital auf mehrere Gesellschaften unterschiedlicher Branchen (und Nationalitäten) verteilt. Damit reduziert er das Risiko großer Verluste, als wenn er sein Anlagekapital allein auf eine Aktie setzt und deren Kurs verfällt. Hat man alles auf eine Karte gesetzt, kann man viel gewinnen, aber auch alles verlieren. Hat man dagegen auf fünf oder mehr ›Karten‹ gesetzt, fällt es nicht so sehr ins Gewicht, wenn bei einem Wert Kursverluste eintreten, bei den anderen Werten aber im Durchschnitt Kursgewinne zu verzeichnen sind.

Der Anleger wird also versuchen, sein Wertpapierportefeuille so zu mischen, daß das durchschnittliche Risiko des Gesamtdepots möglichst gering ist. Auf diese Weise wird das größere Risiko des einen Papiers durch das geringere Risiko der anderen ausgeglichen. Das Risiko eines solchen risikogemischten Depots ist geringer, allerdings die Gewinnchancen in der Regel auch, als ein Depot, das sich ausschließlich auf einen einzigen oder ganz wenige Werte beschränkt.

2. Börsenzyklen

Das Portefeuille-Problem stellt den Anleger bei der Umsetzung der o. g. Anlagegesichtspunkte immer wieder vor die beiden grundsätzlichen Fragen,

- *wie die beste Depotanlage* nach Risiko, Ertrag und Liquidität in Aktienwerte umgesetzt werden soll – das Problem der *Anlage-Strategie* – und
- *wann der günstigste Zeitpunkt* für den Kauf bzw. Verkauf bestimmter Aktienwerte ist – das Problem des *Anlage-Timing.*

Mit dem ständigen Wandel der Anlagebedingungen an Börse und Aktienmarkt steht der Anleger damit in einem Zyklus von vier ständig wiederkehrenden Entscheidungsproblemen:

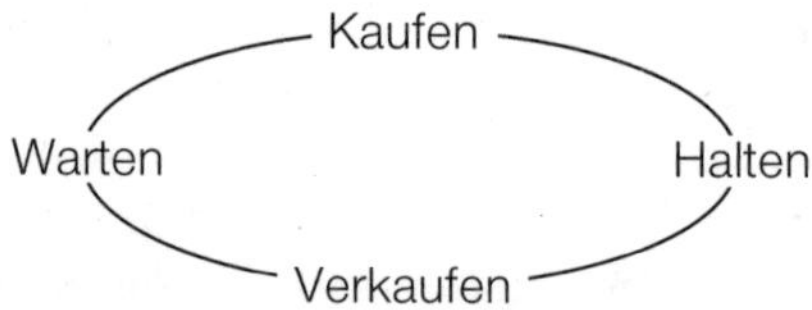

Die rationale Beantwortung dieser Fragen und damit die optimale Lösung der Portefeuille-Probleme verlangen dem Anleger einige mühevolle Gedankenarbeit ab – Geld, Glück und Geduld vorausgesetzt.
Geht es bei der *Strategie* der Portefeuille-Anlage um die Frage nach den chancenreichsten und risikoärmsten Werten und ihrer richtigen Mischung, so geht es hier um die Frage nach dem günstigsten Zeitpunkt für den Kauf oder den Verkauf von Aktien – dem ›Timing‹ der Anlageentscheidungen. Dazu ist ein Verständnis des Börsenzyklus

und seiner Bestimmungsfaktoren vonnöten. Der Börsenzyklus wird durch das immer wiederkehrende Auf und Ab der Schwankungen von Gesamtangebot und Gesamtnachfrage an der Börse bestimmt. Aus diesem ›Auf und Ab‹ der Börse resultiert für den Anleger das Problem des günstigsten Timing seiner Anlageentscheidungen, insbesondere von Kauf und Verkauf.

Angebot und Nachfrage nach Aktien werden von einer Vielzahl von Einflußfaktoren bestimmt, vor allem auch von den *Erwartungen* an die Kursentwicklung. So kommt es, daß Angebot und Nachfrage nach Aktien (oder einzelnen Werten) selten übereinstimmen.

Übersteigt die Nachfrage nach Aktien das Angebot, so steigen die Kurse. Übersteigt demgegenüber das Angebot die Nachfrage nach Aktien, sinken die Kurse. Da die Einflußfaktoren auf die Kursentwicklung von den Börsenteilnehmern häufig sehr verschieden beurteilt werden, klaffen Angebot und Nachfrage in der Regel auseinander. Dadurch ergeben sich über den Zeitablauf regelrechte Börsenzyklen bzw. Kurszyklen mit aufsteigenden Phasen, Hausse genannt, und absteigenden Phasen, Baisse genannt.

Angebot und Nachfrage bestimmen auch die Kurse der einzelnen Aktien. Das Angebot einer Aktie wird zunächst von dem von der Gesellschaft herausgegebenen Aktienvolumen bestimmt. Dieses kann kleiner oder größer, der Markt damit ›eng‹ oder ›weit‹ sein. Daneben bestimmt das Engagement langfristig investierter Beteiligungen, wie seitens institutioneller Anleger – Konzerne, Banken und Versicherungen – das Angebotsvolumen.

Im Tagesgeschäft wird die Kursentwicklung an der Börse vor allem von ›Angst und Hoffnung‹ von zwei Gruppen von Börsenteilnehmern bestimmt; den Papierbesitzern einerseits und den Geldbesitzern andererseits:

Das *Angebot* an Aktien steigt mit der *Angst* der *Papierbesitzer* vor möglichen Kursverlusten.

Umgekehrt steigt die *Nachfrage* nach Aktien mit der *Hoffnung* der *Geldbesitzer* auf mögliche Kursgewinne.
Diese Ängste und Hoffnungen werden durch eine Vielzahl von teils ›harten‹, teils ›weichen‹ Einflußfaktoren geschürt. Gewiß gibt es manche schwer kalkulierbaren Unwägbarkeiten, wie unerwartete politische Entwicklungen, technologische Durchbrüche oder massenpsychologische Irrationalitäten (nationale und internationale), die die Kursentwicklung von Aktien auch für den erfahrenen Profi streckenweise undurchschaubar und überraschend machen.
Trotz solcher Unwägbarkeiten existieren auf mittel- und langfristige Sicht jedoch durch jahrzehntelange Erfahrung vielfach erhärtete und theoretisch untersuchte Zusammenhänge zwischen Aktienkursen und deren Bestimmungsfaktoren. Dazu gehören neben den für den Erfolg eines Unternehmens fundamentalen Daten, wie Vermögenssubstanz und Ertragsentwicklung vor allem die Entwicklung von Konjunktur und Liquidität in der Volks- und Weltwirtschaft.
Angebot und Nachfrage nach Aktien bzw. nach einer bestimmten Aktie werden insbesondere von der allgemeinen Konjunktur, von Inflation und Wachstum, der Geldmengen- und Zinsentwicklung, und durch spezielle Branchen- und Unternehmenssituationen und deren Gewinnentwicklung bestimmt.
Wichtige Bestimmungsfaktoren des Angebots und der Nachfrage von Aktien und damit der Kursentwicklung an der Börse sind überdies die Ersparnis- und Vermögensbildung, die Auszahlung von Lebensversicherungen, Erbschaften, bestimmte große Zahlungstermine, wie Dividenden- und Zinszahlungstermine u. a., kurz die Liqudizitätszu- und -abflüsse in der Volkswirtschaft. Liquidität ist gleichsam der Brennstoff der Börse. Der Liquiditätsstand einer Volkswirtschaft ist ein entscheidender Bestimmungsfaktor für die Kursentwicklung an der Börse.
Ein steigender Liquiditätsstand führt zu steigender Aktiennachfrage, da flüssiges Geld profitable Anlage sucht. Ein

sinkender Liquiditätsstand führt umgekehrt zu steigendem Aktienangebot, da bei knapper Geldversorgung viele Anleger sich durch Verkäufe wieder flüssig machen.
Der Anleger braucht also ein aufmerksames Auge für die Liquiditätsströme in einer Volkswirtschaft.
Ein steigender Liquiditätsstand, und damit steigende Nachfrage nach Aktien, ergibt sich vor allem aufgrund

- steigender Ersparnisbildung der privaten Haushalte,
- steigender Devisenzuflüsse aus dem Ausland,
- steigender Exportüberschüsse,
- wachsender Kapitalzuflüsse aus dem Ausland und nicht zuletzt einer
- steigenden Geldmenge bei expansiver Geldpolitik der Notenbank.

Ein sinkender Liquiditätsstand, und damit sinkende Nachfrage nach sowie steigendes Angebot an Aktien, ergibt sich vor allem aufgrund

- verminderter Ersparnisbildung der Haushalte,
- sinkender Devisenzuflüsse aus dem Ausland,
- sinkender Exportüberschüsse,
- steigender Kapitalabflüsse in das Ausland sowie einer
- sinkenden Geldmenge aufgrund restriktiver Geldpolitik der Notenbank.

Daneben beeinflussen besondere politische Situationen, wie Wahlen oder Saisoneinflüsse, wie das Weihnachtsgeschäft und last but not least eine Menge irrationaler ›psychologischer‹ Faktoren die Aktiennachfrage an der Börse.
Die Entwicklung von Aktienkursen ließe sich nur ›prognostizieren‹, wenn man sämtliche Einflußfaktoren, die das Kauf-, Halte- und Verkaufsverhalten der Anleger bestimmen, und deren Veränderungen im Zeitablauf, genau kennen würde. Die aber sind nach Zeit und Gewicht ungewiß und unsicher. Niemand weiß mit Sicherheit genau, welchen Einfluß etwa die Ertragsentwicklung einer Aktienge-

sellschaft oder die Zinsentwicklung am Kapitalmarkt auf das Kauf- und Verkaufsverhalten der Anleger und damit auf die Höhe der Kurse hat.
Die Abschätzung der Wirkungsstärke solcher Kausalzusammenhänge bleibt letztlich hypothetisch und mit vielen Unsicherheiten behaftet. Lediglich die Trendrichtung ist halbwegs kalkulierbar.

a) Der antizyklische Anleger

Der zyklusbewußte Anleger verhält sich bei seinen Käufen und Verkäufen antizyklisch. Er kauft, wenn die Börse eine längere Phase (mehrere Monate bis zu zwei Jahren) des Kursverfalls hinter sich hat und im Zusammenhang mit konjunkturellen und anderen Börsenindikatoren (z. B. Zinsen) Anzeichen zur Erholung zeigt; und er verkauft, wenn die Börse eine längere Phase steigender Kurse hinter sich hat und zu bröckeln beginnt.
In bezug auf Einzelwerte sucht der antizyklische Börsianer nach solchen Aktienwerten, die in letzter Zeit stark gefallen sind und im Zusammenhang mit Unternehmens- und Branchenkennziffern (z. B. Erträge) nunmehr eine Stabilisierung anzeigen. Damit einher gehen fast immer negative Gerüchte über die betreffende Aktie bzw. deren Gesellschaft und Hiobsnachrichten über die wirtschaftliche Entwicklung des Unternehmens. Andererseits verkauft der antizyklische Anleger, wenn seine Aktie eine gewisse Zeit des Kursanstiegs hinter sich hat, wobei er lieber früher als später verkauft. Ein geflügeltes Wort der Börse sagt: »Es ist noch niemand arm geworden, weil er zu früh verkaufte, aber wohl, weil zu spät.«
Da es unmöglich ist, den absoluten Tiefstkurs einer Aktie auszumachen, kauft der antizyklische Anleger daher oft zu teuer ein oder muß weiteres Kapital investieren, um bei weiteren Kursrückgängen nachzukaufen, um damit seinen durchschnittlichen Einstandspreis zu senken. Selbst wenn aber der antizyklische Anleger den Tiefstkurs einigermaßen

zutreffend erfaßt hat, kann es oft Monate dauern, bis sich ein deutlicher Aufwärtstrend einstellt. Der antizyklische Anleger braucht daher neben dem großen G für ›Gedanken‹ das zweite große G für ›Geduld‹. Kommt es nach langer Geduldsprobe zu der erwarteten Trendwende, dann ist der antizyklische Anleger auch von Anfang an beim Kursaufschwung dabei. Und dann winken die größten Kursgewinne. Ein Vorteil des antizyklischen Anlageverhaltens ist vor allem auch, daß der Anleger nicht jeden Tag Kurse und Wirtschaftsnachrichten intensiv verfolgen muß; ihm genügt im großen und ganzen der Überblick über die allgemeine Kurs- und Wirtschaftsentwicklung.
Vor allem Börsenneulinge kaufen in der Hausse und verkaufen in der Baisse. Dem psychologischen Druck kann sich aber allzuoft auch der erfahrene Börsianer kaum entziehen. Allzuviele Anleger haben überdies eine Schwäche für die ›schnelle Mark‹. Nach den Regeln der Massenpsychologie kaufen viele Anleger just dann, wenn die dominierende Marktmeinung an der Börse sich in Optimismus breitmacht, und verkaufen in der Baisse, wenn die dominierende Meinung in depressiven Nachrichten zu ersticken scheint. Das Ergebnis sind hohe Verluste in teuer erkauften Papieren.

Der Anlageerfolg hängt neben Ausdauer und Geduld vor allem von der Identifizierung und Beurteilung der Gründe für Kursveränderungen ab. Kurse verändern sich, weil entweder mehr Marktteilnehmer Kaufentscheidungen oder aber mehr Marktteilnehmer Verkaufsentscheidungen getroffen haben. Dies geschieht in der Regel aufgrund einer Änderung der dominierenden Marktmeinung.
Vor Beginn eines Börsenzyklus, in der Talsohle, besteht die Mehrzahl der Börsenteilnehmer noch aus Pessimisten oder Baissiers, auch Bären genannt. Nur eine Minderheit rechnet bereits zu den Optimisten, Haussiers oder Bullen genannt, die schon auf den kommenden Kursaufschwung an der Börse setzen und kaufen.

Eine alte Börsenweisheit empfiehlt dem Anleger daher: »Buy on bad news, and sell on good news.« Denn die Kurse steigen immer dann, wenn sich optimistischere Ansätze in einer dominierend pessimistischen Marktmeinung auszubreiten beginnen. Zeiten des größten Pessimismus sind für den Anleger das Zeichen zum Einstieg.

Umgekehrt sind Zeiten des größten Optimismus für den antizyklischen Anleger daher Zeichen zum Ausstieg. Die größten Chancen hat demnach der Anleger, der gerade dann kauft, wenn die Mehrheit der Börsenteilnehmer nicht an einen Anstieg der Kurse glaubt. Umgekehrt ist es Zeit zu verkaufen, wenn die Mehrheit der Marktteilnehmer überzeugt ist, daß die Aktienkurse nach einem kräftigen Anstieg noch weiter steigen.

Die an der Börse dominierende Marktmeinung bildet sich aus (Ver-)Stimmungen über *Erwartungen,* wie Hoffnungen oder Befürchtungen auf Regierungswechsel oder bestimmte politische Entscheidungen, Wachstums- und Konjunkturaussichten, Liquiditätsentwicklungen u. v. a.

Das Institut für Demoskopie in Allensbach erstellt jedes Jahr im Dezember ein Stimmungsbarometer in bezug auf die zukünftigen Hoffnungen oder Befürchtungen.

Immer dann, wenn die Stimmung ihren Tiefstpunkt erreicht hat, sind die Aktienkurse gemessen am DAX-Index gestiegen, und immer dann, wenn die Stimmung ihren Höhepunkt erreicht hat, sind die Kurse im folgenden gefallen. Mit einer Ausnahme Anfang der 70er Jahre, bedingt durch den Ölpreisschock.

Die Chance für Kurssteigerungen ist um so größer, je größer der Anteil der Marktteilnehmer mit pessimistischer Marktmeinung ist. Denn die Pessimisten sind theoretisch die Kurstreiber von morgen und übermorgen. Ist deren Anteil nämlich gering, gibt es auch nur wenig Marktteilnehmer, deren Marktmeinung sich zum Optimistischen wenden kann. Folglich bestehen auch kaum Chancen der Kurssteigerung.

Wenn umgekehrt die dominierende Marktmeinung an weitere Kurssteigerungen glaubt, ist dies gerade nicht mehr möglich; denn dann haben ja alle bereits gekauft. Im Gegenteil ist jetzt ein Kursverfall fällig; denn die Profis werden mit ersten Glattstellungen eine Baisse einläuten. Wenn umgekehrt die dominierende Marktmeinung einen Kursverfall annimmt, dann eben ist eine Baisse gerade nicht möglich; denn dann hat die Mehrheit der Profis ja längst verkauft, der Ausverkauf ist bereits vorbei. Die Aktienkurse können nur noch steigen.
Allerdings ist es eben schwer, sich nicht von den Tagesmeldungen beeinflussen zu lassen und ihnen sogar entgegenzuhandeln.

b) Der Börsenmechanismus

Das *Beispiel einer Modellbörse* möge die Erfahrungstatsache beleuchten, warum jede Marktmeinung, der eine dominierende Mehrheit anhängt, sich in Kürze als falsch und die Strategie der antizyklischen Anlage als einzig erfolgversprechend erweisen muß.
Angenommen, an dieser Modellbörse agieren 200 Marktteilnehmer, davon besitzen 100 bereits Aktien, die anderen 100 besitzen anlagesuchendes Geld. An dieser Börse kämen also 100 Marktteilnehmer als potentielle Verkäufer von Aktien und 100 als potentielle Käufer von Aktien in Frage.
Wenn nun die eine Hälfte der Marktteilnehmer die Kursentwicklung optimistisch beurteilt, also auf steigende Aktienkurse setzt, und die andere Hälfte pessimistisch gestimmt ist, also auf fallende Kurse setzt, dann wären der Aktienmarkt und damit die Kurse stabil. Käufe und Verkäufe glichen sich gerade aus.
Eine solche theoretische Situation des Ausgleichs von Angebot und Nachfrage kommt bestenfalls als vorübergehende Durchgangsphase zwischen einer Hausse und einer Baisse vor.

JETZT SEI ES SPÄTHERBST:
Die dominierende Meinung der Mehrheit der 200 Marktteilnehmer wäre zu diesem Zeitpunkt auf die Erwartung einer steigenden Aktiennachfrage zum kommenden Jahresanfang eingestellt. Und zwar aufgrund der Erfahrung, daß zu jedem Jahresanfang Dividenden und Zinsen ausgezahlt werden, und die Liquidität der (potentiellen) Anleger und der Unternehmen nach Weihnachten/Silvester am größten ist.
Dieses überschüssige Geld ist auf der Suche nach einer Anlage. Deshalb werden zum Jahresanfang auch nicht nur 100, sondern sogar 150 potentielle Käufer an die Börse kommen.
Die 100 potentiellen *Verkäufer* von Aktien werden in Erwartung dieser Entwicklung daher bereits im Spätherbst folgende Überlegung anstellen:
Wegen der anlagesuchenden Liquiditätsflut zum Jahresanfang wird die Nachfrage nach Aktien dann viel größer sein als jetzt im Herbst.
Es wäre also ausgesprochen ungünstig, jetzt zu verkaufen, wenn zum Jahresanfang wegen der dann größeren Nachfrage ein höherer Kurs für die Aktien zu erzielen sein wird.
Anders die 100 potentiellen *Käufer* von Aktien. Sie überlegen so: Zum Jahresanfang wird die Aktiennachfrage, wegen der dann einsetzenden Liquiditätsflut, viel größer sein als jetzt im Herbst, und die Aktienkurse in die Höhe treiben; also ist es günstiger, jetzt im Herbst zu kaufen, wo die Kurse noch niedrig sind. Zum Jahresanfang lassen sich die jetzt billig gekauften Aktien dann bereits mit Gewinn weiterveräußern.

Resultat:
Die dominierende Marktmeinung ist im Herbst sowohl von der Verkäufer- als auch von der Käuferseite her auf steigende Kurse, sprich Hausse, eingestellt.
Diese Erwartung von Verkäufer- und Käuferseite, also der absoluten Mehrzahl der Marktteilnehmer, erzeugt nun folgenden Mechanismus:

Von den 100 Aktienbesitzern und potentiellen *Verkäufern* werden im Herbst nur die ihre Papiere abstoßen, die dringend Geld brauchen. Angenommen, dies seien 20.
Von den 100 Geldbesitzern und potentiellen *Käufern* werden sich die Ängstlichen und Unentschlossenen – angenommen ebenfalls 20 – im Herbst vom Aktienkauf noch zurückhalten.
An der Aktienbörse werden also im Herbst ingesamt 80 Kaufinteressenten nur 20 Verkaufsinteressenten gegenüberstehen. Es entsteht ein *Käufermarkt,* mit der Folge einer Hausse mit steigenden Aktienkursen. Die Erwartung auf die Hausse zum kommenden Jahresanfang wurde vom Markt praktisch vorweggenommen – eskomptiert, wie der Börsianer sagt.

INZWISCHEN SEI DER JAHRESANFANG DA:
Die Zahl der potentiellen Käufer von Aktien ist jetzt aufgrund der Liquiditätszuflüsse, wie erwartet von 100 auf 150 angewachsen. Von diesen 150 potentiellen *Käufern* halten sich wieder 20 Ängstliche und Unentschlossene vom Kauf zurück, so daß zum Jahresanfang nur 130 *Kaufinteressenten* an der Börse auftreten.
Zum Jahresanfang ist demgegenüber nun die Zahl der potentiellen *Verkäufer* von 100 auf insgesamt 180 angewachsen, nämlich um diejenigen 80 Marktteilnehmer, die bereits im Herbst zu niedrigen Einstiegskursen – und in der Erwartung höherer Kurse und damit Kursgewinne zum Jahresanfang – Aktien gekauft hatten.
Von diesen 180 Wertpapierbesitzern hätten sich angenommen 20 % zur langfristigen Anlage entschlossen. Damit stehen zum Jahresanfang 144 Verkaufsinteressenten insgesamt 120 Kaufinteressenten gegenüber. Es entsteht ein *Verkäufermarkt* mit der Folge einer Baisse mit fallenden Aktienkursen.
Die dominierende Marktmeinung vom Herbst des Vorjahres hat also zu einer sich selbst widerlegenden Prophezeiung –

›self-defeating-prophecy‹ im Fachjargon der Ökonomen – geführt, aber nicht weil die dominierende Marktmeinung falsch, sondern weil sie eben richtig war und entsprechende Vorwegnahmehandlungen ausgelöst hat. Die dominierende Marktmeinung an der Aktienbörse erfüllt sich also aufgrund entsprechender Erwartungshandlungen zunächst selbst, führt aber in der Folge zu einer Marktkonstellation, die diese Meinung desavouiert, also widerlegt.

Wäre die Marktmeinung an der Aktienbörse im Herbst neutral gewesen, also die eine Hälfte der Marktteilnehmer optimistisch, und die andere pessimistisch gewesen, dann hätten die Optimisten mit ihrer Hausse-Erwartung auf steigende Kurse zum Jahresanfang recht behalten.

Die auf steigende Kurse eingestellten Optimisten können also scheinbar paradoxerweise auf Dauer nur recht bekommen, wenn ihre Zahl klein ist.

Hätte es im Herbst dagegen nur wenige Optimisten in Erwartung steigender Aktienkurse zum Jahresanfang gegeben, dann hätten deren Glattstellungen, sprich Verkäufe, zum Jahresanfang die Aktienkurse nicht verdorben. Im Gegenteil hätten die aufgrund der Liquiditätsschwemme zum Jahresanfang an die Börse neu hinzukommenden Käufer die den spekulativen Herbstkäufen folgenden Aktienverkäufe des Jahresanfangs problemlos aufgenommen. Wahrscheinlich hätte die Zahl der Kaufinteressenten von ursprünglich 100, zuzüglich der neu hinzugekommenen 50, die Zahl der Verkäufer überstiegen, und die Aktienkurse wären gestiegen.

Die Erwartung der ›wenigen‹ Optimisten auf Kurssteigerungen wird also zur ›sich selbst erfüllenden Prophezeiung‹ (self-fulfilling-prophecy), eben weil sie an Zahl *nur wenige* waren. Wären dagegen *viele* Marktteilnehmer an der Börse der Meinung gewesen, daß die Aktienkurse zum Jahresanfang steigen werden, dann würde die große Zahl der daraus resultierenden Verkaufsinteressenten die kleine Zahl der Kaufinteressenten – die sich von der dominierenden Marktmeinung im Herbst nicht beeinflussen ließen und bis zum Jahresanfang mit ihrem Kauf warteten – übersteigen. Die Folge wäre gewesen, daß die Aktienkurse zum Jahresanfang entgegen den Erwartungen der Optimisten fallen. Weil also die Zahl der Optimisten im Herbst zu groß war, bekamen sie unrecht.

Recht bekamen dagegen die *wenigen* Außenseiter, die entgegen dem Strom der dominierenden Marktmeinung handelten.

Dies eben entspricht der alten Börsenweisheit erfolgreicher Spekulanten und der Regel der ›contrary opinion‹ oder der antizyklischen Anlage, nämlich an der Börse immer das Gegenteil von dem zu tun, was die Mehrheit tut: In der Hausse Liquidität anzusammeln und zu *warten,* und in der Baisse zu kaufen.

Für den Anleger ist das Timing seiner Käufe oder Verkäufe mithin von ausschlaggebender Bedeutung. Das heißt, wenn sich bei fallenden Kursen ein Tiefststand der Kursentwicklung andeutet, auch ›Bodenbildung‹ genannt, ist die beste Zeit zum Kaufen, und wenn die Kurse nach einem aufsteigenden Trend gewissermaßen die ›Decke‹ erreicht haben, ist der späteste Zeitpunkt zum Verkauf. Diese an sich triviale Einsicht ist allerdings leichter gesagt als getan. Den Tiefststand und den Höchststand von Kursentwicklungen halbwegs zutreffend einzuschätzen, ist eben *das* Problem. Andernfalls wäre jeder Börsianer längst vielfacher Millionär.

›Gedanken‹ und ›Geduld‹ vorausgesetzt, wird sich der rationale Anleger weder durch sein Gefühl, seine Intuition oder gar Hoffnungen bei seinen Anlageentscheidungen leiten lassen, sondern von nüchterner Analyse der Einflußfaktoren der Kursentwicklung und von Strategien der Risikoabsicherung.

Hierzu dienen Analyse- und Entscheidungstechniken, die dem Anleger bei der Bestimmung des Timing helfen sollen. Im Laufe der Zeit wird er durch die ständige Beobachtung

von Konjunktur, Zinsen, Börse etc. überdies ein Gespür für die zyklischen Bewegungen und ihre Bestimmungsfaktoren sowie für die richtigen Zeitpunkte des Kaufens, Haltens, Verkaufens oder Wartens entwickeln.
Dazu bietet die ›Theorie der Elliott-Wellen‹ dem Anleger ein gedankliches Gerüst.

c) Die Elliott-Wellen-Theorie

Die Elliott-Wellen-Theorie als marktpsychologische Erklärung des Börsenzyklus wurde 1930 von Ralph Nelson Elliott entwickelt und erklärt Kursbewegungen an der Börse als Folge wiederkehrender Wellenzyklen. Unter Börsianern – insbesondere in den USA – gibt es eine ganze ›Schule‹ überzeugter Anhänger des Wellenprinzips, die die ›Elliott-Wellen-Analyse‹ für *das* Instrument der Kursanalyse und -prognose halten. Die Elliott-Wellen-Theorie soll den Wechsel der extremen Stimmungen an der Börse, von der Angst zur Hoffnung und umgekehrt messen. Ihre theoretische Erklärung der Kursbewegungen ist plausibel.
Das Grundprinzip der Elliott-Wellen besagt, daß der zyklische Wechsel von Hoffnung auf Gewinn und Furcht vor Verlust die Kursentwicklung an der Börse bestimmt. Die Hoffnung auf Gewinn löst einen *Impuls* mit haussierenden Kursschüben aus. Darauf folgt die Furcht vor Verlust der Kursgewinne und eine darauf folgende *Korrektur* der Bewegung mit Kursabschlägen.
›Impuls‹ und ›Korrektur‹ sind die beiden Grundbausteine der Elliott-Wellen-Theorie.
Sie gelten sowohl für die langfristige, über Jahre gehende Kursbewegung, als auch für die mittelfristige über Monate, für die kurzfristige über Tage und sogar für die tägliche Kursbewegung während zweier Börsenstunden.
Ein ›Impuls‹ verläuft nach dem 5-Phasen-Schema: kurzer Schub nach oben, kurze Korrektur, langer Schub, kurze Korrektur, kurzer Schub.

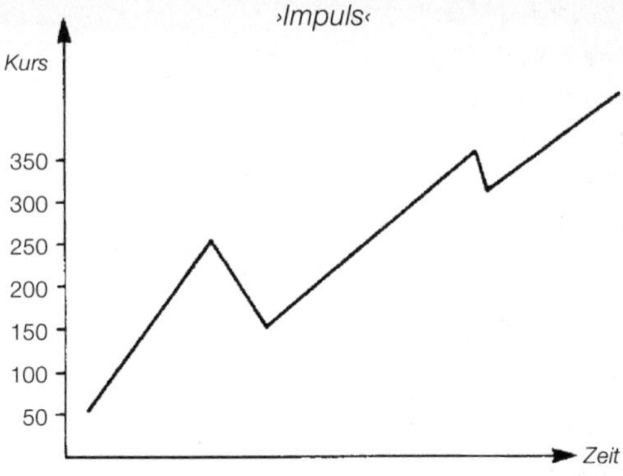

Eine ›Korrektur‹ verläuft nach dem 3-Phasen-Schema: kurzer Schub nach unten, kurze Korrektur und starker Schub nach unten.

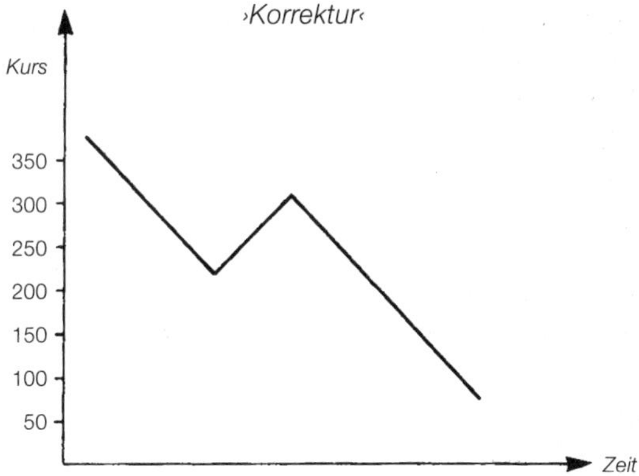

BEISPIEL EINER ELLIOTT-ANALYSE

Die Daimler-Aktie verzeichnete beispielsweise im Januar 1988 ein Kurstief von 527 DM. Der Höchstkurs lag einmal knapp über 1200 DM. Aus dem Vorjahr führte ein starker Impuls bis März auf rund 700 DM herauf, gefolgt von einer

scharfen Korrektur bis Mai, um dann einen erneuten Impuls bis September zu verzeichnen.
Diese Sequenz läßt nach der Elliott-Wellen-Theorie zwei Deutungen zu:
Einmal könnte auf den letzten starken Impuls (1–4) eine erneute Korrektur folgen oder, vorausgesetzt, zentrale Börsenindikatoren wie Konjunktur, Zins etc. sind auf Expansion gestellt, setzt sich die Sequenz in einer weiteren Impulsfrequenz fort, was einen weiteren Kursanstieg bedeuten würde. Das mittelfristige Kurspotential könnte dann vielleicht bei dem früheren Höchstkurs von 1200 DM liegen.
Eine langfristige ›Impuls-Korrektur-Welle‹ kann von mittelfristigen Impulsen und Korrekturen, diese von kurzfristigen und diese wiederum von täglichen Impulsen und Korrekturen überlagert werden bzw. ineinandergeschachtelt sein, ähnlich wie bei einer Russischen Puppe eine in der anderen steckt.
An der Elliott-Wellen-Theorie ist zumindest soviel richtig, als die Börsenerfahrung lehrt, daß an der Börse oder bei einer bestimmten Aktie auf eine Phase anhaltender Kurssteigerungen in der Regel eine Phase der Korrektur mit (anhaltend) fallenden Kursen folgt, auf die nach Überschreiten eines Tiefstpunktes zumeist wiederum eine Phase der Korrektur nach oben mit einem erneuten Kursanstieg folgt und so fort.

›Rekursion der Formationen‹

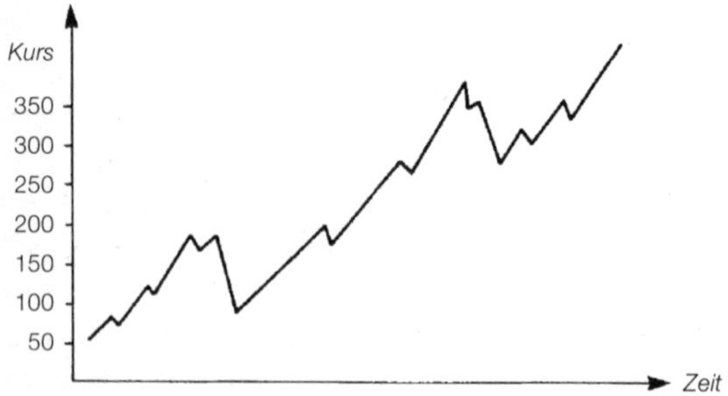

Die Unwägbarkeit der Elliott-Wellen-Analyse liegt in der Schwierigkeit der Bestimmung der *Zeitdauer* der lang-, mittel- und kurzfristigen Phasen von Impulsen und Korrekturen und ihrer jeweiligen Stärke.
Als ein heuristisches Börseninstrument kann die Elliott-Wellen-Theorie den Anleger vor allem in der Wahrnehmung vor der ständigen Gefahr von Kurskorrekturen schulen. Der Nutzen der Elliott-Wellen-Theorie für den Anleger liegt daher insbesondere in dieser Schulung der Intuition des Anlegers für das zyklische Auf und Ab, oder in der Sprache der Elliott-Wellen, der Abfolge von Impuls und Korrektur an der Börse.

›Rekursion der Formationen‹

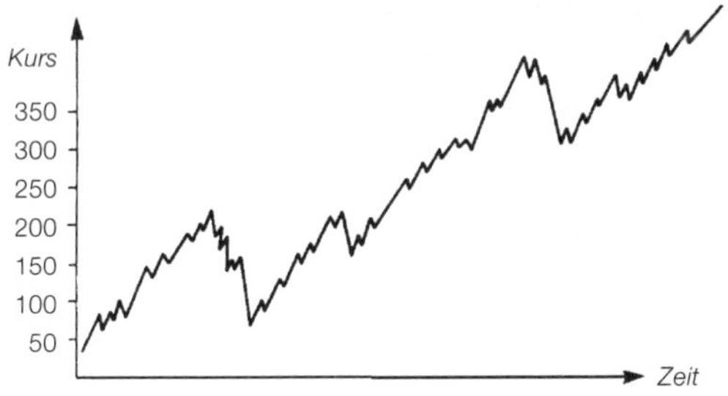

REKURSION DER FORMATIONEN AM BEISPIEL DES DAX

Der Deutsche Aktienindex verzeichnete im Januar 1997 ein Kurstief von 2800. Der Kurs stieg bis März auf fast 3500, um im April wieder auf 3200 zurückzufallen. Aus diesem Rückgang führte ein starker Impuls den Kurs bis Juli/August auf fast 4500 hinauf. Es folgte eine scharfe Korrektur auf 3800 bis September, dann wurde erneut ein noch im Oktober andauernder Impuls verzeichnet, wie die folgende Abbildung zeigt. Diese Sequenz läßt nach der Elliott-Wellen-Theorie zwei Deutungen zu: Entweder könnte auf den letzten starken Impuls eine erneute (längere) Korrektur folgen, oder aber die

Quelle: *Handelsblatt* 2.10.1997

Sequenz könnte sich in einer weiteren Impulsfrequenz fortsetzen – vorausgesetzt, fundamentale Börsenindikatoren wie insbesondere die Zinsen sind auf Expansion gestellt –, was einen weiteren Kursanstieg bedeuten würde. Das mittelfristige Kurspotential könnte dann leicht die 5000-Grenze überschreiten. (Letzteres ist, wie wir gesehen haben, in 1998 auch geschehen.)

Die Elliott-Wellen-Theorie stimmt zumindest insofern, als die Börsenerfahrung lehrt, daß an der Börse oder bei einer bestimmten Aktie auf eine Phase anhaltender Kurssteigerungen in der Regel eine Phase der Korrektur mit (anhaltend) fallenden Kursen folgt, auf die nach Erreichen eines Tiefpunktes zumeist wiederum eine Phase der Korrektur nach oben mit einem erneuten Kursanstieg folgt und so fort.

Die Unwägbarkeit der Elliott-Wellen-Analyse liegt in der Schwierigkeit, die **Zeitdauer** der lang-, mittel- und kurzfristigen Phasen von Impulsen und Korrekturen und ihre jeweilige Stärke zu bestimmen.

Als ein heuristisches Börseninstrument kann sie den Anleger vor allem in der Wahrnehmung der ständigen Gefahr von Kurskorrekturen schulen. Sie schärft somit seine Intuition für das zyklische Auf und Ab, oder in der Sprache der Elliott-Wellen, die Abfolge von Impuls und Korrektur an der Börse.

Ein Ansatz, das zyklische Auf und Ab der Börsenkurse zeitlich zu präzisieren und damit die Strategie der antizyklischen Anlage quantitativ zu fundieren, ist die von Uwe Lang entwickelte Sechsphasenmethode.

d) Die Sechsphasenmethode

Bei dieser antizyklischen Anlagestrategie wird unterstellt, daß sich der Börsenzyklus in sechs sich wiederholenden Phasen bewegt. Nach einiger Zeit der Baisse mit fallenden und stagnierenden Aktienkursen startet irgendwann Phase 1 mit ersten Kursgewinnen bei einzelnen Aktienwerten:

Phase 1: Mißglückter Hausse-Versuch, erneute Baisse
Phase 2: Wende, Kaufsignal
Phase 3: Hausse
Phase 4: Erster Rückschlag, erneute Hausse
Phase 5: Wende, Verkaufssignal
Phase 6: Baisse

Bei dieser Methode wird monatlich oder halbmonatlich abgezählt, wieviel Prozent der Aktien einer Liste von durchschnittlichen Aktienwerten sich im letzten halben Jahr verbessert haben. Die erhaltenen Werte werden in eine Phasenkurve eingetragen und danach Beginn und Ende der einzelnen Phasen bestimmt, die dem Anleger entsprechende Kauf- oder Verkaufssignale geben:

Phase 1: Die Aktien stehen tief. Die Phasenkurve ist aus ihrem Bereich unter 30 % herausgekommen, hat aber 60 % noch nicht erreicht.

Phase 2: Die Phasenkurve hat 60 % überschritten. Gut die Hälfte der untersuchten Aktien sind im letzten halben Jahr wieder gestiegen. Dies ist die Wende nach oben, ein Rückschlag wird jetzt kaum mehr kommen. Phase 2 ist die ideale Kaufphase.

Phase 3: Die Marke 70 % ist überschritten. Die Aufwärtsbewegung hat sich stabilisiert. Es herrscht Hausse-Stimmung. Da Phase 2 kurz ist, kann es sein, daß man sie verpaßt und erst zu Beginn von Phase 3 kauft.
In Phase 3 bleibt die Börse oft mehrere Monate.

Phase 4: Die Börse ist noch freundlich, die meisten Aktien steigen noch. Irgendwann kommt der Zeitpunkt, wo es weniger als 70 % aller Aktien sind, die im letzten halben Jahr einen positiven Trend aufweisen. Dennoch sollten Aktien gehalten werden, solange die 40-%-Marke nicht unterschritten ist. Oft rappelt sich die Börse in dieser Phase zu neuen Höchstkursen auf – wie umgekehrt in Phase 1 häufig zu neuen Tiefstkursen.

Phase 5: Die Phasenkurve hat die Marke 40 % nach unten durchbrochen. Jetzt ist damit zu rechnen, daß die Börse auf eine Baisse zusteuert. Diese Phase ist Verkaufs-Phase.

Phase 6: Die 30-%-Marke ist nach unten durchbrochen; Baisse-Stimmung. Wer in Phase 5 noch nicht verkauft hat, muß sich mit Beginn von Phase 6 sputen; denn weitere Kursverluste drohen.

Die Sechsphasenmethode unterstellt einen wellenförmigen Börsenzyklus mit langfristigen mehrjährigen Kursschüben und Kurskorrekturen und diese überlagernden langfristigen mehrmonatigen Kursschüben und -korrekturen. Dies ist eine im Prinzip bekannte Beobachtung des Börsengeschehens als einer Abfolge von Ausgleichsprozessen von Kursgewinnen, Gewinnrealisationen durch Verkauf, Kursverfall, Kaufbereitschaft bei niedrigem Kursstand, Kursanstieg und so fort. Der entscheidende Punkt ist, daß die Sechsphasenmethode mit Hilfe einer Liste durchschnittlicher Aktienwerte den zeitlichen Verlauf der Phasen und damit das Timing für Kauf und Verkauf, relativ präzise und zuverlässig bestimmen will. Die Listenführung ist etwas zeitaufwendig und daher am besten mit Hilfe eines Personalcomputers zu leisten.

3. Branchenauswahl

Bei der Entscheidung über die Anlagestrategie ist für die Frage, ob Aktien zu kaufen, zu halten, zu verkaufen sind, oder ob noch zu warten ist, *zunächst* die Wahl der Branche oder Sektoren, in denen die Gesellschaften der zu erwerbenden Aktien tätig sind, von höchster Bedeutung. Es gibt Branchen, deren Wachstumspotential hoch oder gering eingeschätzt wird; einige Branchen sind stark, andere weniger exportorientiert bzw. -abhängig; einige Branchen haben ein großes technologisches Innovationspotential; einige weisen stärkere, andere geringere Zyklusschwankungen auf; einige sind stärker von der Zinsentwicklung als andere betroffen; und schließlich schwankt die Anzahl und Struktur der in einer Branche tätigen Unternehmen. All dies muß zu dem Zeitpunkt der Entscheidung über – Kaufen – Halten – Verkaufen – Warten – sorgfältig bedacht und durch seriöse In-

formationen untermauert werden. Vielfach steht daher vor der Auswahl des speziellen Aktienwertes die Entscheidung über die chancenreichste Branche.
Die Palette der Branchen läßt sich je nach bestimmten Produkten oder Produktgruppen in eine nahezu beliebig große Anzahl differenzieren. Für die praktischen Zwecke des Börsianers reicht die Differenzierung in das folgende Dutzend Branchen völlig aus:

1. *Geschäftsbanken,* wie Deutsche Bank, Dresdner Bank, Commerzbank, Bayr. Vereinsbank
2. *Versorgungsindustrie,* wie VEBA, VEW, RWE, HEW, ViAG
3. *Maschinenbauindustrie,* wie MAN, KHD, Deutsche Babcock, Linde
4. *Autoindustrie,* wie Daimler-Benz, Mercedes, BMW, VW, Porsche
5. *Informationstechnik/Elektroindustrie,* wie Siemens-Nixdorf, BBC, SEL, SAP
6. *Chemieindustrie,* wie Hoechst, BASF, Bayer, Schering
7. *Stahlindustrie,* wie Thyssen, Hoesch, Krupp, Klöckner
8. *Textilindustrie,* wie Girmes, Bremer Wolle, Augsburger Kammgarn
9. *Bauindustrie,* wie Holzmann, Hoch-Tief, Dywidag
10. *Versicherungswirtschaft,* wie Allianz, Gerling, Continental
11. *Konsumwirtschaft,* wie Kaufhof, Karstadt, Hussel, Metro
12. *Papierindustrie,* wie Zanders, PWA, Herlitz.

Börsianer sprechen in diesem Zusammenhang von Bankenwerten, Versicherungswerten, Rohstoffwerten etc. In jüngster Zeit ist viel von High-Tech-Werten die Rede, womit die Aktienwerte derjenigen Branchen gemeint sind, die von den modernsten technologischen Entwicklungen wie Gentechnik, Lasertechnik, Halbleitertechnik etc. geprägt werden.

Die Entscheidung darüber, in welcher Branche der Anleger in Aktienwerten anlegen, halten, verkaufen oder noch warten will, hängt davon ab, welche wirtschaftlichen, technischen, administrativen oder sonstigen Faktoren die verschiedenen Branchen zum Zeitpunkt der Entscheidung am stärksten positiv oder negativ bestimmen. Diese Faktoren können von Zeit zu Zeit wechseln und müssen vom Anleger immer wieder neu eruiert werden.
Der Anleger muß wissen, daß Branchen mit einem hohen Export- oder Importanteil stark vom Wechselkurs abhängig sind und damit in ihrer Ertragsentwicklung starken Zyklusausschlägen unterworfen sind, die wiederum deren Aktienkurse prägen. Die meisten Branchen sind überdies in unterschiedlichem Grade von der Zinsentwicklung abhängig, vor allem die Bauindustrie wegen ihres hohen Fremdfinanzierungsbedarfs, und die Geschäftsbanken, weil die Zinsentwicklung starken Einfluß auf ihre Erträge nimmt. Überdies wird die Bauindustrie, neben den Kapitalmarktzinsen, stark von der Einkommensentwicklung der privaten Haushalte bestimmt. Die Chemieindustrie ist demgegenüber stark von der Preisentwicklung bei den Rohstoffen, vor allem dem Öl, abhängig. Die Stahlindustrie wiederum ist starken protektionistischen Maßnahmen der Nationalstaaten und Vorschriften der EU unterworfen.
Die Elektroindustrie ist dagegen sehr stark vom technologischen Fortschritt bestimmt, insbesondere im Bereich der Informations- und Kommunikationstechnik. Auch die Autoindustrie ist im hohen Maße vom technologischen und überdies modischen Wandel abhängig. Die Textilindustrie wiederum ist abhängig von Modeentwicklungen, aber auch von den Löhnen in den Entwicklungsländern. Die Versorgungswirtschaft (Energie, Wasser, Nahverkehr) wird zunehmend abhängig von Zielen und Maßnahmen der Umweltpolitik. Der Maschinenbau profitiert demgegenüber gerade von Umweltschutzmaßnahmen des Staates und technischem Fortschritt auf diesem Gebiet.

Der Anleger muß sich für die Auswahl der richtigen Branche mithin über die aktuell bedeutsamen Einflußfaktoren für die Entwicklung und das weitere Potential der verschiedenen Branchen zum Zeitpunkt seiner Anlage sorgfältig informieren und im Hinblick auf seine Portefeuille-Prinzipien bewerten.

Beachten sollte der Anleger überdies *die Rotation der Branchen im Laufe eines Konjunkturzyklus.* Im Verlauf eines konjunkturellen Aufschwungs – einer Hausse – wechseln die von den professionellen Anlegern favorisierten Branchen. Die Aktien bestimmter Branchen, wie Kaufhaus-, Auto-, Bankenwerte sind zumeist eher Konjunkturvorreiter, andere eher Konjunkturbegleiter und andere sogar Konjunkturnachzügler; andere wiederum sind konjunkturunabhängig. Zu Beginn eines Aufschwungs werden in der Regel zunächst die von steigendem Einkommen und Konsum profitierenden Bau- und Kaufhauswerte gefragt, gefolgt von Automobilwerten. Im weiteren Verlauf des Konjunkturaufschwungs folgen zumeist die Maschinen- und Stahlaktien mit steigenden Aktienkursen. Danach folgen in der Regel die Bank- und Versicherungsaktien, die mit dem weiteren Konjunkturaufschwung von steigender Kreditnachfrage und günstigeren Zinsen profitieren.

Auf dem Höhepunkt des Konjunkturaufschwungs steigen schließlich auch die Aktienkurse der Chemie- und Elektrowerte. Weitgehend unabhängig von dieser Branchen-Rotation bleiben die Versorgungs- und Energiewerte. Ihre Aktienkurse steigen meist relativ unabhängig vom Auf und Ab der Konjunktur und der Börse kontinuierlich mäßig, aber regelmäßig an.

Versorgungswerte wie Energieunternehmen sind zwar wenig konjunkturabhängig, bieten aber auch entsprechend geringere Kursrisiken und zugleich relativ stabile Dividenden. Die Autoindustrie ist demgegenüber eine Schlüsselbranche der Konjunktur und von wirtschaftlichen Zyklen im Guten wie im Schlechten relativ stark betroffen. Chemiewerte sind ebenfalls von konjunkturellen Zyklen weniger abhängig. Hier hat das langfristige Wachstumspotential eine größere Bedeutung. Dies gilt noch mehr für Technologiewerte; Daimler-Benz – MBB – AEG ist hierfür ein Beispiel, von deren Fusion vielfach ein großes Wachstum aufgrund des technologischen Potentials erwartet wird.

Neuerdings von besonderem Interesse sind Umweltschutzwerte, wie die Deutsche Babcock oder Degussa, deren Wachstumspotential aufgrund der zunehmenden Notwendigkeit von Umweltschutztechniken langfristig hoch eingeschätzt wird. Ähnliches gilt für Verkehrswerte, Fluglinien wie etwa Lufthansa oder gar die Euro-Tunnel-Gesellschaft, für die im Zuge der Europäisierung der Verkehrsstruktur in der EU erhebliche Wachstumschancen vermutet werden. Ganz zu schweigen von der schon fast klassisch gewordenen Informations- und Kommunikationsbranche, deren technologisches und ökonomisches Wachstum nahezu unausschöpflich erscheint.

Der Anleger tut also gut daran, die besondere Abfolge der Rotation der Branchen in dem jeweiligen Börsenzyklus aufmerksam zu verfolgen.

Entsprechend seinen Portefeuille-Prinzipien wird sich der Anleger bei seiner Branchenentscheidung nach dem Grundsatz orientieren, starken Gefährdungen oder Unsicherheiten ausgesetzte problematische Branchen zu meiden. Umgekehrt heißt dies, sich bei der Auswahl von Aktienwerten auf diejenigen Aktiengesellschaften zu konzentrieren, die sich in mittel- bis langfristig stetigen Wachstumsbranchen betätigen und von kurzfristigen konjunkturellen Ausschlägen weniger nachteilig betroffen sind.

Eine nützliche Hilfe für die Auswahl der richtigen Branchen sind neben Branchenberichten aus der Fachpresse sogenannte Branchencharts, die die durchschnittliche Kursentwicklung der einzelnen Branchen in den vergangenen Monaten und Jahren zeigen.

Sie können für die zukünftigen Entwicklungschancen ein

wichtiges Indiz abgeben. Branchencharts können dem Anleger helfen, Branchen mit überdurchschnittlichen Aussichten herauszufinden, indem er beispielsweise die durchschnittliche Kursentwicklung der einzelnen Branchen mit der Kursentwicklung des Gesamtmarktes vergleicht (*Beispiel Softwarebranche*).

4. Unternehmensauswahl

Nach der Entscheidung über die chancenreichste(n) Branche(n) geht es um die Wahl der richtigen Aktiengesellschaft: Hier kommt es auf die ›inneren Werte‹ der auszuwählenden Aktiengesellschaft an. Die Analyse der ›inneren Werte‹ einer Aktiengesellschaft wird in der Börsenfachsprache als ›fundamentale Analyse‹ bezeichnet. Fundamental, weil es hier um die harten Fakten des Unternehmenszustandes und der Unternehmensstruktur geht, die im Prinzip von der Konjunkturentwicklung, der Zinsentwicklung, der politischen Entwicklung und anderen außerbetrieblichen Entwicklungen weitgehend unabhängig sind. Es gilt, aus der Menge aller Aktienwerte einer Branche, beispielsweise aller Konsumwerte, Autowerte oder Bankenwerte diejenigen Aktienwerte auszulesen, deren ›innere Werte‹, wie Produktpalette, Managementqualität, Eigenkapitalausstattung, Gewinnentwicklung u. a. deutliche Schwachstellen oder umgekehrt deutliche Stärken aufweisen.
Ziel der Unternehmensanalyse ist es, diejenigen Aktienwerte einer Branche herauszufiltern, die von ihren betriebswirtschaftlichen Kennziffern her überdurchschnittlich sind. Hat der Anleger diese Aktienwerte herausgefunden, ist dies allein noch keine Erfolgsgarantie, sondern nur eine notwendige, aber noch nicht hinreichende Bedingung für den Anlageerfolg. Meist erzielt der Anleger hiermit eine Absicherung gegen größere Verlustrisiken. So versucht der Anleger aus der bisherigen Entwicklung der Unternehmensdaten auf

den mittel- bis langfristigen Entwicklungstrend des Unternehmens zu schließen.
Vielfach wird im Rahmen der fundamentalen Unternehmensanalyse aber auch die Frage gestellt, ob die Aktie einer Gesellschaft im Kurs über- oder unterbewertet ist. Daraus wird dann wiederum auf ein steigendes oder fallendes Kurspotential geschlossen. Die Aussage- oder Prognosekraft betriebswirtschaftlicher Unternehmensdaten für die Kursbildung ist relativ. Betriebswirtschaftliche Unternehmensdaten allein bestimmen nicht den Kurs einer Aktie, sondern Angebot und Nachfrage an der Börse insgesamt. Zu deren Bestimmungsfaktoren gehört zunächst jedoch die Entwicklung der fundamentalen betriebswirtschaftlichen Kennziffern eines Unternehmens.
Die wichtigsten betriebswirtschaftlichen Kennziffern der Unternehmensanalyse sind:

(1) *Die Produktpalette*
Die Produktpalette des Unternehmens ist der wichtigste Indikator für die Wachstumschancen eines Unternehmens, insbesondere das Image der Produkte nach Qualität, Preis-Leistungs-Verhältnis, Design, Marktstellung etc. Die Aktien eines Unternehmens mit hervorragendem Produktimage und einer bedarfsgerechten Produktpalette haben, unabhängig von der konjunkturellen Entwicklung, langfristig ein steigendes Kurspotential. Umgekehrt wird ein Unternehmen mit Schwachstellen in seiner Produktpalette den Anleger veranlassen, die Aktie mit Vorsicht zu betrachten.

(2) *Das Management*
Der Ruf der führenden Personen eines Unternehmens in den Vorstandsetagen und im Aufsichtsrat ist ein gewichtiger Faktor für das Unternehmen und damit auch für das Entwicklungspotential eines Unternehmens. Ein Unternehmen, das von Spitzenmanagern mit dem Ruf hervorragender innovativer Kompetenz geführt wird, ist ein Gütezeichen für

den Wert und das Potential der Aktie des Unternehmens. Umgekehrt wirkt sich ein lädierter Ruf der Spitzenmanager eines Unternehmens nachteilig auf dessen Aktienkurs aus.

(3) *Das Forschungs- und Entwicklungsprogramm*
Die Aufwendungen für Forschung und Entwicklung sind ein interessanter Indikator für das Innovationspotential einer Branche oder eines Unternehmens. Die Aufwendungen für Forschung und Entwicklung zeigen, welche Innovationschancen ein Unternehmen vor sich sieht, und sind ein Indikator für die Wachstumsaussichten des Unternehmens.

(4) *Die Konkurrenz*
Ein Unternehmen, das mit bedeutender und großer Konkurrenz in seiner Branche zu kämpfen hat, ist anders zu bewerten, als wenn ein Unternehmen selbst zu den Spitzenunternehmen der Branche gehört. Dennoch ist dies keine Garantie. Auch kleine und mittlere Unternehmen können groß werden, wie beispielsweise ehedem die Firma Nixdorf gezeigt hat.

(5) *Der Auftragsbestand*
Die wirtschaftliche Zukunft eines Unternehmens hängt auf kurze und mittlere Sicht von der Entwicklung der Auftragseingänge ab. Sinkende Auftragseingänge sind ein ungünstiges Zeichen für die absehbare Zukunft eines Unternehmens. Umgekehrt sind steigende Auftragseingänge ein Zeichen für ein florierendes Unternehmen. Die Auftragseingänge und -bestände sind Frühindikatoren der Unternehmensentwicklung. Während andere Unternehmensdaten noch gesund aussehen können, ist die Entwicklung der Auftragseingänge *die* Schwalbe, die einen künftigen Unternehmens›sommer‹ bzw. ›-winter‹ ankündigen kann.

(6) *Das Investitionsprogramm*
Ein florierendes Unternehmen wird für die Sicherung der

Zukunft des Unternehmens immer auch Investitionsvorhaben in der Planung haben. Umfang und Art geplanter Investitionen sind daher ein Indikator dafür, wie das Unternehmen selbst seine wirtschaftlichen Aussichten betrachtet. Umgekehrt sind bescheidene Investitionsvorhaben ein Zeichen für eine gewisse Skepsis der Unternehmensleitung gegenüber dem eigenen Unternehmenspotential.

(7) *Die Eigenkapitalausstattung*
Eine geringe Eigenkapitalausstattung bedeutet umgekehrt einen hohen Verschuldungsgrad. Solange die betriebsinterne Rentabilität des eingesetzten Kapitals größer ist als der für die Unternehmensschulden zu zahlende Zins, trägt das Fremdkapital zur Steigerung des Gewinns (sog. leverage-effect, zu deutsch: Hebelwirkung), aber auch des Risikos, bei. Bei steigenden Zinsen führt ein hoher Verschuldungsgrad auch zu überproportional hohen Tilgungs- und Zinsbelastungen eines Unternehmens und verringert entsprechend die Gewinne. Umgekehrt bedeutet eine hohe Eigenkapitalausstattung einen geringen Verschuldungsgrad und damit einige Sicherheit gegenüber steigenden Zinsen oder sonstigen Belastungen des Unternehmens. Eine gute Eigenkapitalausstattung bedeutet also für den Anleger einen gewissen Schutz vor allzu großen Kursverlusten. Informationen darüber bieten von Zeit zu Zeit die Wirtschaftsnachrichten der Zeitungen oder Börsendienste, die Banken u. a.

(8) *Die Exportabhängigkeit*
Die Exportabhängigkeit eines Unternehmens, ausgedrückt in der Exportquote, d. h. dem Anteil des im Ausland erzielten Umsatzes, ist ein höchst ambivalenter Indikator für den Anleger. Eine hohe Exportquote bedeutet große Verdienstaussichten für das Unternehmen, aber auch eine hohe Anfälligkeit gegenüber Schwankungen im Außenhandel, insbesondere der Wechselkurse. Umgekehrt kann eine geringe

Exportquote auch ein Zeichen für eine mangelnde Marketing-Kompetenz des Unternehmens sein.

(9) *Die Beteiligungsstruktur*
Die Beteiligung von Aktionären am Aktienkapital eines Unternehmens wird vor allem von den sog. institutionellen Anlegern geprägt. Dazu zählen Institutionen, wie Banken und Versicherungen. Wenn solche, in Geldfragen versierte und extrem vorsichtige Institutionen am Aktienkapital eines Unternehmens beteiligt sind, ist dies für den Anleger ein Zeichen dafür, daß das Unternehmen von diesen Institutionen als wirtschaftlich gesund und entwicklungsfähig angesehen wird. Ablesbar ist dies für den Anleger in der Regel dadurch, daß in den Aufsichtsräten und Vorständen des in Betracht kommenden Unternehmens Vertreter oder Repräsentanten großer Banken und Versicherungen sitzen. Schließlich bilden die institutionellen Anleger aufgrund ihrer Kapitalsammelfunktionen ein großes Anlagepotential mit einem daraus resultierenden entsprechenden Kurssteigerungspotential ihrer Aktiengesellschaft. Umgekehrt kann eine größere Beteiligung institutioneller Anleger an einem Unternehmen bei fallenden Kursen auch die Gefahr eines verstärkten Kursrutsches mit sich bringen.

(10) *Die Gewinnentwicklung*
Die Entwicklung der Gewinne und die Erwartung weiteren Gewinnpotentials ist mit Sicherheit die wichtigste Kennziffer eines Unternehmens und von größtem Einfluß auf die Kursentwicklung einer Aktie, auch wenn dieser Kursfaktor kurz- und mittelfristig von konjunkturellen, politischen und anderen Faktoren überlagert wird. Spätestens auf schlechte Nachrichten über die Gewinnentwicklung oder gar Bilanzverluste eines Unternehmens reagiert die Börse sofort und stark mit fallenden Kursen. So ist beispielsweise der Kurs der SAP-Aktie, nachdem Mitte 1998 bekannt wurde, daß sich die Gewinnerwartungen des Unternehmens für das lau-

fende Jahr von einem erwarteten Zuwachs von 40 % auf ›nur‹ 30 % abschwächen würden, innerhalb weniger Tage um gut 15 % gefallen.
Auf das Ausbleiben besserer Nachrichten über die Gewinnentwicklung reagiert die Börse mit einem Verharren des Kurses auf niedrigem Niveau. Daß der Kurs der Aktie nicht noch tiefer gefallen ist, hat seinen Grund darin, daß andere betriebswirtschaftliche Kennziffern des Unternehmens, wie die hohe Eigenkapitalausstattung und Vermögenssubstanz, ein stark gestiegener mengenmäßiger Absatz und positive Liquiditätsverhältnisse, demgegenüber sehr günstig aussahen.
Die Gewinnentwicklung eines Unternehmens kann aus den veröffentlichten Bilanzen, den Gewinn- und Verlustrechnungen und anderen betrieblichen Berichten entnommen werden. Die jedoch kommen spät. Um frühzeitig die Gewinnentwicklung eines Unternehmens beurteilen zu können, muß der Anleger versuchen, aus den in den einschlägigen Wirtschafts- und Börsennachrichten veröffentlichten Indikatoren wie Umsätzen, Auftragseingängen, Investitionen etc. auf das Gewinnpotential zu schließen. Wichtiger als die absolute Gewinnhöhe ist die Wachstumsrate der Gewinne im Vergleich zu anderen Unternehmen und im Verhältnis zum Eigenkapital. Mit anderen Worten: Sowohl der absolute wie auch der relative Gewinn muß stimmen. Setzt man den Gewinn ins Verhältnis zum Aktienwert selbst, so erhält man das Kursgewinnverhältnis (KGV) einer Aktie, einen wichtigen Indikator zum Vergleich von Aktien. Vielfach wird heute die Ermittlung des Gewinns durch die Cash-flow-Rechnung ergänzt.

Die Liste der Indikatoren bzw. Kennziffern für die Analyse eines Unternehmens und damit für die Beurteilung von Risiko und Chancen einer Aktie läßt sich beliebig verlängern. Andererseits sind betriebswirtschaftliche Kennziffern nur sehr begrenzt für die vergleichende Bewertung von Aktien brauchbar, weil zum einen in den verschiedenen Branchen

sehr unterschiedliche Verhältnisse bestehen und zum anderen einzelne Unternehmen traditionell besondere Verhältnisse aufweisen.
Schwierig ist es zu entscheiden, welches Gewicht den einzelnen Kennziffern in einer konkreten Anlageentscheidung zugeordnet werden soll. Ein Hilfsmittel zur systematischen Analyse dieses Problems ist eine Entscheidungstabelle. In einer solchen Tabelle werden die von dem Anleger für wichtig erachteten Kennziffern aufgelistet und gegebenenfalls gewichtet. Bei der Bewertung einer Einzelaktie erhält jede Kennziffer dann eine bestimmte, vom Anleger geschätzte Punktzahl etwa zwischen 1 und 10. Anschließend wird für jede Kennziffer nach deren Gewichtung die Gesamtpunktzahl ermittelt und für jede Aktie die Summe aller Kennzahlenpunkte addiert. Der Vergleich der Entscheidungstabellenergebnisse für verschiedene in Betracht kommende Aktien ergibt dann die Aktie mit dem höchsten Punktwert.

Die Anlage einer Entscheidungstabelle ist jedoch auch nur ein Hilfsmittel, dessen sich der Anleger ›unter Vorbehalt‹ bedienen sollte.

Beispiel für die Anlage einer Entscheidungstabelle zur Unternehmensbewertung

Kriterien Gesellschaft	Gewinn- entwicklung	Eigenkapital- ausstattung	Manage- ment	Produkt- palette	(gewichtete) Punktsumme
SAP	90	50	100	100	340
Fresenius	10	60	50	50	170
Microsoft	50	50	70	50	220
Porsche	90	70	100	100	360
Mannesmann	70	70	90	100	330

Kriterien-Bewertung beispielsweise von 1 bis 100 Punkten bzw. % z. B. nach ›Noten‹:

unzureichend	10 Punkte
ausreichend	30 Punkte
befriedigend	50 Punkte
gut	70 Punkte
sehr gut	90 Punkte
ausgezeichnet	100 Punkte

Zusätzlich kann die Punktzahl mit einer Gewichtungszahl, etwa von 1 bis 5, nach der Bedeutung des Kriteriums bewertet werden.

Ein Beispiel:
Zum Jahresanfang 1997 zeigt die *Deutsche Bank* eine hervorragende *Gewinnentwicklung*. Die Medien sind voll davon. Die *Eigenkapitalausstattung* ist gut. Das *Management* gilt als ausgezeichnet. Die Bank *investiert* EU-weit in den Ausbau ihres europäischen Filialsystems. Die *Produktpalette* wird konsequent *innovativ* in Richtung eines Allfinanz-Services ausgebaut, so durch Entwicklung eines eigenen Lebensversicherungs- und Bausparservices, Vermögensberatung etc. In Deutschland ist die Deutsche Bank unangefochten die Nr. 1. Der Aktienkurs ist deutlich im Auftrieb.

Ein anderes Beispiel:
Der Computerbauer Nixdorf schrieb lange rote Zahlen. Die letzte Gewinn- und Verlustrechnung zeigte 250 Mio. DM Verlust, trotz Auflösung von Rücklagen und Verkauf von Immobilien. Das Management ist erneuert. Die Eigenkapitalausstattung liegt bei 60 %, was außerordentlich hoch ist.
In der Produktpalette ist die PC-Entwicklung zu kurz gekommen. Die Stammaktien sind zu 100 % in Familienbesitz.
Die Konkurrenz ist stark.
Es kursieren immer wieder Beteiligungs- und Übernahmegerüchte durch in- oder ausländische Computerhersteller.

Zu solchen Zeiten schlägt der Aktienkurs kräftig nach oben aus.
Ansonsten ›dümpelt‹ er, wie anscheinend auch das Unternehmen, bei unveränderten Unternehmensverhältnissen auf einem Tiefststand vor sich hin, bis die Übernahme vollzogen wird.

5. Konjunktur und Börse

a) Konjunkturphasen

Die Börse nimmt die konjunkturelle Entwicklung mit einem Vorlauf von ca. 6–9 Monaten vorweg, sie eskomptiert einen konjunkturellen Aufschwung im voraus mit steigenden Aktienkursen. Ebenso reagiert sie frühzeitig mit einer Abschwächung der Aktienkurse, wenn eine Hochkonjunktur in eine konjunkturelle Abkühlung abzurutschen droht. Der Börsianer kennt die Schwalbe, die den Sommer ankündigt, d. h. die Indikatoren, die einen konjunkturellen Umschwung ankündigen. Auf Nachrichten, die auf einen beginnenden oder weiteren konjunkturellen Aufschwung mit steigendem Wirtschaftswachstum hindeuten, reagiert die Börse mit einem sog. Bullen-Szenario, d. h. die Börsianer kaufen alles an Aktien auf, was am künftigen oder weitergehenden Aufschwung und Wirtschaftswachstum teilhaben und profitieren wird. Die Kurssteigerungen bei den Aktien überschlagen sich, weil jeder von der zu erwartenden Hausse an der Börse profitieren will. Die Hausse nährt die Hausse.
Auf die ersten Nachrichten von einem beginnenden oder sich verstärkenden Abschwung reagiert die Börse mit einem sog. Bären-Szenario. Die Börsianer verkaufen an Aktien alles, was irgend von der schlechteren oder sich verschlechternden Wirtschaftslage und Wirtschaftswachstum in Mitleidenschaft gezogen werden könnte. Die Aktienkurse fallen. Die Erwartung fallender Kurse führt zu zusätzlichen Aktienverkäufen. Die Baisse nährt die Baisse.
Der Ursache-Wirkungs-Mechanismus zwischen Konjunktur-

entwicklung und Kursentwicklung an der Aktienbörse läßt sich im Normalfall als ein Zyklus von sechs Phasen beschreiben:

Phase 1: Die Wirtschaft befindet sich in einer Rezession. Konsum und Investitionen sind schwach. Die Kapazitätsauslastung ist gering. Die Notenbank betreibt eine Politik des leichten Geldes. Die Kapitalmarktzinsen sind niedrig. Die Börse schaukelt zwischen Zögern und Unsicherheit.

Phase 2: Die Konjunktur beginnt sich zu erholen. Die Auftragseingänge nehmen zu. Der Verbrauch steigt. Die Notenbank treibt weiterhin eine Politik des leichten Geldes. Die Kapitalmarktzinsen erreichen ihren Tiefststand. An der Börse herrscht vorsichtig freundliche Stimmung.

Phase 3: Im Verlauf eines konjunkturellen Aufschwungs steigt die Kapazitätsauslastung der Unternehmen. Gewinne und Investitionen steigen. Arbeitskräfte werden relativ knapper mit der Folge, daß auch die Löhne und damit die Lohnkosten steigen. Steigende Kosten werden abgewälzt mit der Folge, daß auch die Preise steigen. An der Börse herrscht Hausse-Stimmung.

Phase 4: Zu stark steigende Preise rufen die Notenbank auf den Plan. Sie wird mit dem Ziel, die Preisniveaustabilität und den Geldwert zu erhalten, restriktive Maßnahmen treffen und damit die konjunkturelle Überhitzung und den Preisauftrieb zu dämpfen versuchen. Sie erhöht die Leitzinsen, Diskont- und Lombardsatz oder reduziert das Geldmengenwachstum. Die Kursentwicklung an der Aktienbörse wird gebremst oder fällt sogar.

Phase 5: Mit einiger zeitlicher Verzögerung (time lag) tritt die dämpfende Wirkung der restriktiven Geldpolitik ein und die Konjunktur schwächt sich ab. Das Umsatzvolumen in der Wirtschaft verringert sich. Die Preissteigerungsrate geht zurück. An der Börse herrscht Baisse-Stimmung.

Phase 6: Die Notenbank nimmt ihre restriktiven Maßnahmen allmählich wieder zurück: Sie senkt die Leitzinsen und erhöht die Geldmenge. Die Liquidität nimmt zu, die Kapitalmarktzinsen sinken. Die Konjunktur kann sich wieder erholen. Die Aktienkurse an der Börse steigen. Der Zyklus beginnt von neuem.

Auf einen Anstieg der Preissteigerungsrate folgt also immer ein Anstieg der Zinsen. Umgekehrt folgen auf ein Sinken der Preise sinkende Zinsen.
Der Börsenzyklus eilt dem Konjunkturzyklus um einige Monate voraus, und der Zinszyklus eilt dem Börsenzyklus einige Monate voraus.
Dieser Wirkungsmechanismus wiederholt sich mit schöner Regelmäßigkeit. So wäre der Börsenzyklus im Prinzip vorausberechenbar.
Doch die Börse nimmt den Konjunkturzyklus unterschiedlich frühzeitig vorweg, indem sie auf die jeweils erwartete nächste Phase mit Kursveränderungen bei den Aktien reagiert. Wann die einzelnen Konjunkturphasen beginnen, wie lange sie dauern und wann sie enden, das schwankt von Zyklus zu Zyklus. Die einzelnen Phasen beschleunigen und verlangsamen sich, je nach Verhalten der Notenbank, des Auslands usw.
Der Anleger wird also auf die beschriebenen Indikatoren, insbesondere die Preisentwicklung, achten und die zu erwartenden Maßnahmen der Notenbank in sein Kalkül einbeziehen.

Für den Anleger ist es mithin unverzichtbar, die Zeichen der jeweiligen Konjunktur-Phase zu erkennen und zu verstehen, um z. B. vor dem Beginn eines konjunkturellen Umschwungs unter den ersten zu sein, die ihre Wertpapierpositionen frühzeitig ›glattstellen‹, um drohende Kursverluste zu vermeiden.
Auch in den vergangenen 45 Jahren verlief die Konjunktur

in erstaunlich regelmäßigen Auf- und Abschwüngen. Nach einer neueren konjunkturellen Analyse (Ernst Helmstädter) verlaufen Schwankungen des Wachstums allerdings nicht, wie vielfach angenommen, aufsteigend wellenförmig, sondern in der Form eines großen M, mit jeweils vier deutlich unterscheidbaren Phasen, wie die folgende Abbildung zeigt.

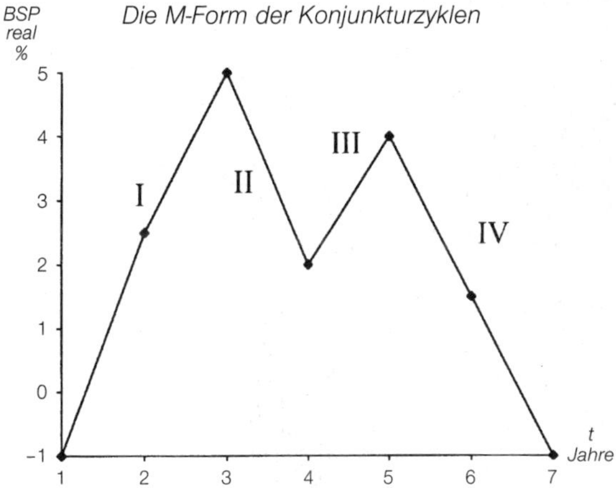

Der Vergleich der Wachstumsrate des Bruttosozialprodukts von Quartal zu Quartal zeigt, in welchem Umfang die Wirtschaft gewachsen ist, stagnierte oder schrumpfte. Es entsteht ein Bild mit Spitzen und Einbrüchen mit der in der Abbildung erkennbaren typischen M-Form der Wachstumszyklen – nachdem besondere Einflüsse, wie saisonbedingte Schwankungen, statistisch ausgeschaltet wurden. Dieser M-Typ des Konjunkturzyklus scheint für die Konjunkturprognose wachsende Bedeutung zu bekommen, nachdem der M-förmige Zyklus des Wachstums auch empirisch zunehmend erhärtet wurde. Die Dauer eines solchen M-Zyklus schwankt um sieben Jahre herum. Danach befand sich die Bundesrepublik bspw. im Jahre 1989 in der dritten Phase des

fünften Konjunkturzyklus nach dem Zweiten Weltkrieg. Die dritte Phase ist grafisch der zweite Anstieg im großen ›M‹. Die Börse müßte also spätestens in dieser dritten Phase des Wachstumszyklus auf den kommenden Abschwung in der vierten Phase mit sich abschwächenden Aktienkursen vorweg reagieren. Der Anleger kann daran ermessen, wann er seine Aktienpositionen glattzustellen hätte.
Vorausgesetzt, daß sich der M-förmige Wachstumszyklus konjunktureller Entwicklung auch in Zukunft bestätigt, ist die Frage für den Anleger, wo er die Schwalbe findet, die ihm den künftigen konjunkturellen Umschwung ankündigt. Solche ›Schwalben‹, die die konjunkturelle Entwicklung frühzeitig prognostizieren, werden als Früh-Indikatoren (leading indicators) bezeichnet. Sie sind nicht immer ganz zuverlässig. Der wohl zuverlässigste und am einfachsten zu handhabende Früh-Indikator ist die Auftragsentwicklung der Wirtschaft, insbesondere in der Investitionsgüterindustrie. Sein einziger Nachteil: Auftragserteilungen enthalten häufig eine vertragliche Rücktrittsklausel und können daher kurzfristigen Revisionen unterworfen sein. Dies schränkt die Berechenbarkeit des Indikators leider etwas ein. Schwalben sind eben nicht zuverlässig. Der Anleger muß dies in sein Kalkül einbeziehen. Vergleicht man die Entwicklung der Auftragseingänge mit der Entwicklung des Aktienindex, bestätigt sich jedenfalls die Prognosewirksamkeit dieses Früh-Indikators mit geradezu erstaunlicher Zuverlässigkeit.
Die Auftragsentwicklung ist zugleich auch ein Indikator für zu erwartende geldpolitische Maßnahmen. Bei sinkender oder schlechter Auftragsentwicklung ist mit expansiven Maßnahmen der Notenbank zu rechnen.

b) Trendindizes

Die Konjunkturentwicklung wird im Börsentrend eskomptiert. Der für die deutschen Börsen heute wohl wichtigste Trendindikator ist der sog. DAX, das heißt ›Deutscher Ak-

›Auftragsentwicklung und Börse‹

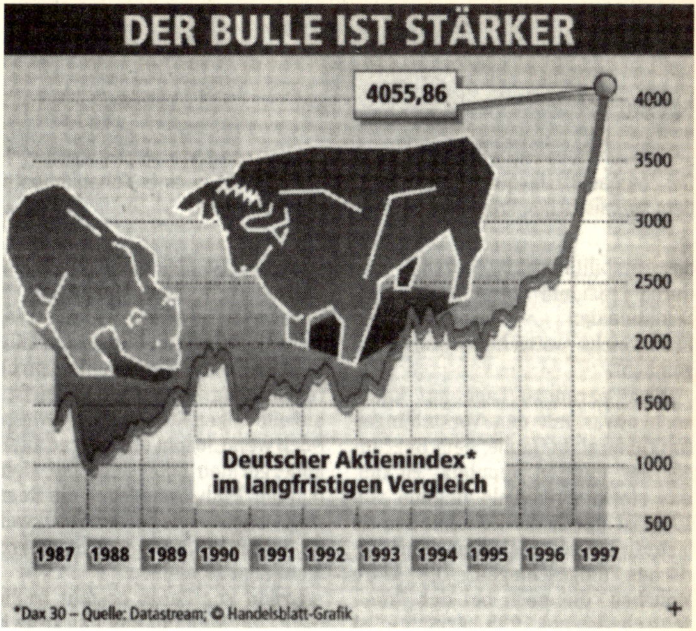

Quelle: *Handelsblatt* Juli 1997

tienindex‹. Er enthält 30 große Aktienwerte: Allianz, BASF, Bayer, Bayerische Hypothekenbank, Bayerische Vereinsbank, BMW, Commerzbank, Daimler, Degussa, Deutsche Bank, Dresdner Bank, Deutsche Babcock, Deutsche Telekom, Henkel, Hoechst, Karstadt, Linde, Lufthansa, MAN, Mannesmann, Metro, Münchner Rück, Preussag, RWE, SAP, Schering, Siemens, Thyssen, Veba, Viag, VW. Damit repräsentiert der DAX den harten Kern der deutschen Aktiengesellschaften und wohl rund die Hälfte der gesamten Aktienumsätze an deutschen Börsen. Ein solcher Aktienindex ist ein Indikator für den Gesamttrend des Börsengeschehens. Seine Funktion ist aber auch, einzelne Aktien-

werte mit dem DAX zu vergleichen, um auf diese Weise feststellen zu können, ob ein Einzelwert günstiger oder schlechter gegenüber dem Gesamttrend ausfällt. Dieser Vergleich ist qualitativ um so aussagekräftiger, je höher die Qualität des Index ist, d. h. wie zuverlässig die ausgewählte DAX-Anzahl von Aktien die gesamte Börse repräsentiert. Der Deutsche Aktienindex (DAX) gilt in Fachkreisen als qualitativ bester. Das Handelsblatt veröffentlicht seinen neuesten Stand täglich im Finanzteil.
Besonders aussagefähig wird der Aktienindex, wenn man ihn mit statistischen Mittelwerten, wie dem 38-Tage-Durchschnitt oder dem 200-Tage-Durchschnitt vergleicht. Daher wird der DAX meist mit diesen beiden gleitenden Durchschnitten zusammen in grafischer Darstellung publiziert. Durchbricht der DAX den 38-Tage-Durchschnitt deutlich nach oben oder unten, gilt dies als ein Zeichen für einen kurzfristigen Trendwandel der Börse nach oben oder unten. Durchbricht der DAX gar den 200-Tage-Durchschnitt um mehrere Punkte von oben nach unten oder von unten nach oben, gilt dies als ein Zeichen für einen langfristigen Trendwandel.
Der vom Deutschen Aktienindex (DAX) etwas in den Hintergrund gedrängte klassische FAZ-Index wird von der Frankfurter Allgemeinen Zeitung veröffentlicht. Schließlich wird von der Commerzbank der Commerzbank-Index mit 12 Branchenindizes herausgegeben. Daneben gibt es den Aktienindex der WestLB mit 13 Branchenindizes. Zunehmend bedeutsam wird der ›DJ Euro Staxx 50‹, der aus 50 führenden Unternehmen der EU besteht und künftig als Meßlatte der Kursentwicklung der europäischen Standardwerte (ab 1999 in Euro) gilt (vgl. Tageszeitungen).
Technisch basieren alle Indizes auf der Ermittlung eines Durchschnittskurses der ausgewählten Aktienwerte. Dieser Durchschnittskurs wird zu einem bestimmten Zeitpunkt oder für einen bestimmten Zeitabschnitt gleich 100 gesetzt und auf diesen 100-%-Wert die weitere Entwicklung des Durchschnittskurses der Indizes bezogen.

Der weltweit berühmteste Aktienindex ist der amerikanische Dow-Jones-Index, häufig kurz einfach ›Dow‹ genannt. Der Dow-Jones-Index enthält 30 der größten Aktienwerte der weltberühmten Börse New Yorks in der Wall Street. Der Name stammt von dem Firmennamen des Verlages, der das Börsenblatt ›Wall Street Journal‹ veröffentlicht, und stammt aus dem Jahre 1897. Der Dow-Jones-Index gilt als Indiz für die Entwicklung der amerikanischen Wirtschaft und wegen der Bedeutung der amerikanischen Wirtschaft für die gesamte Welt zugleich als Indiz für die Entwicklung der Weltwirtschaft. Im Bonmot: »Wenn Wall Street hustet, bekommt der Rest der Welt eine Lungenentzündung.« Ein anderer, weniger bekannter, aber nicht weniger wichtiger amerikanischer Index ist der ›Standard & Poors‹ (S&P), der 500 US-Unternehmen umfaßt.

6. Zinsanalyse

a) Zinsen und Aktienkurse

Einer der stärksten Bestimmungsfaktoren der Kursentwicklung von Aktien sind die Zinsen: Steigende Zinsen führen in der Regel zu fallenden Aktienkursen und fallende Zinsen zu steigenden Aktienkursen. Die Kopplung zwischen Zinsentwicklung und Kursentwicklung ist außerordentlich eng. Sollte im Laufe der Börsenentwicklung diese Kopplung auseinanderdriften, ist in Kürze mit einer Korrektur dieser Fehlentwicklung zu rechnen. Steigende und hohe Zinsen sind also gewissermaßen Gift für die Aktienkurse. Warum?

- Ein Teil der Aktienengagements der Anleger ist kreditfinanziert. Steigende Zinsen führen dazu, daß die Anleger ihre kreditfinanzierten Aktien verstärkt verkaufen, weil sie ihnen zu teuer und zu riskant werden. Die Profis in der Kulisse finanzieren ihre Aktienengagements in der Regel sogar voll nur über kurzfristig aufgenommene Gelder. Steigende Zinsen bedeuten für sie höhere Finanzierungskosten. Sie müssen ihre kurzfristigen Kredite dekken und daher schnell glattstellen.

- Steigende Zinsen bedeuten, daß festverzinsliche Wertpapiere bei geringem Risiko ertragreicher werden. Viele Anleger verkaufen dann einen Teil ihrer Aktien und steigen auf die sichereren und ertragreicheren festverzinslichen Renten (Anleihen) um.

- Aktiengesellschaften sind in der Regel zu einem hohen Grad mit kurz-, mittel- und langfristigen Krediten fremdfinanziert. Steigende Zinsen bedeuten für diese Aktiengesellschaften steigende Kapitalkosten und damit sinkende Gewinne oder sogar drohende Verluste bis zum Konkursrisiko. Die aufgrund steigender Zinsen und Kapitalkosten beschnittenen Unternehmenserträge schmälern den Wert der Anteile von Aktiengesellschaften.

- Steigende Zinsen führen in der Erwartung weiter steigender Zinsen zu einer Zunahme der Kassenhaltung und Liquiditätspräferenz, auch als Attentismus bezeichnet.
  Statt ihre flüssigen Mittel in die Käufe von Aktien zu investieren, legen die Anleger ihre Gelder zunächst auf Festkonten an, die jederzeit liquidierbar sind, und warten auf eine günstige Zeit des Wiedereinstiegs in Aktien.

Diese Zins-Mechanismen begrenzen das Bewertungspotential der Aktien und drücken die Kurse tendenziell nach unten. So hat denn auch das Ifo-Institut in München herausgefunden, daß die die Zinsentwicklung stark determinierende Entwicklung der Zentralbankgeldmenge aufs engste mit der Entwicklung der Aktienkurse verknüpft ist. Immer wenn die Zentralbankgeldmenge stark ansteigt, steigen in der Regel auch die Aktienkurse und umgekehrt. Einer Wende in der Zuwachsrate der Zentralbankgeldmenge folgt

regelmäßig eine Kurswende am Aktienmarkt, wenn diese nicht schon von der Börse vorausgesehen und in den Aktienkursen eskomptiert wurde.
Eine steigende Geldmenge bewirkt andererseits in der Regel eine steigende Inflationsrate und damit die berechtigte Erwartung, daß die Notenbank, um diese geldmengenbedingte Inflation zu bremsen, die Leitzinsen erhöhen und die Liquiditätsversorgung der Banken verknappen wird. Die Entwicklung der Zentralbankgeldmenge stellt damit einen wichtigen Frühindikator für die Kursentwicklung an der Aktienbörse dar.
Ähnliches gilt für die Leitzinsen, den Diskont- und Lombardsatz und andere Zinsgrößen am Geld- und Kapitalmarkt.

b) Die Geld- und Zinspolitik der Notenbank

Die Noten- bzw. Bundesbank kann auf die Zinsentwicklung erheblichen Einfluß nehmen. Dafür stehen ihr einerseits auf die Geldmarkt-Zinsen direkt einflußnehmende Instrumente zur Verfügung, wie die Diskont- und Lombardsatzpolitik (Leitzinsen) und andererseits auf die Zinsen nur indirekt über die Kontrolle der Geldmenge wirkende Instrumente, wie die Rediskontkontingent-, die Mindestreserve- und die Offenmarktpolitik.
Ein restriktiver Einsatz dieser Instrumente durch Erhöhung der Leitzinsen und Verknappung der Geldversorgung verteuert das Geld und treibt die Kapitalmarktzinsen in die Höhe. Investitionen und Konsum, soweit kreditfinanziert, werden kostspieliger und dementsprechend gedrosselt. Ein expansiver Einsatz dieser Instrumente, d.h. Senkung der Leitzinsen und Erhöhung der Geldmenge, verbilligt das Geld und führt so mittelfristig zu einer Senkung der Kapitalmarktzinsen. Investitionen und Konsum, soweit kreditfinanziert, verbilligen sich und werden dementsprechend angekurbelt. Dieser Zins- und Liquiditätsmechanismus bleibt in

der Praxis allerdings gelegentlich Theorie. In der Realität können psychologische Faktoren, wie Befürchtungen oder Hoffnungen auf einen Regierungswechsel, die allgemeine wirtschaftliche Stimmung in Industrie und Handel, und insbesondere außenpolitische und außenwirtschaftliche Einflußfaktoren diesen Mechanismus stark beeinflussen. Dennoch hat die Veränderung der Leitzinsen oder der Geldmengenversorgung immer auch eine ganz erhebliche psychologische Bedeutung für Wirtschaft und Börse. Man spricht vielfach von einer Signalwirkung der geldpolitischen Maßnahmen. So vor allem auch für die Börse und den Anleger.
Restriktive, also die Konjunktur bremsende Maßnahmen trifft die Notenbank immer dann, wenn im Zuge einer Hochkonjunktur die Inflationsrate nach ihrer Auffassung zu schnell und zu stark ansteigt. Ablesbar ist die Inflationsrate am ›Preisindex für die private Lebenshaltung‹, der in jeder besseren Tageszeitung regelmäßig abgedruckt wird. Als tolerierbar gilt eine Preissteigerungsrate des Index für die private Lebenshaltung von etwa 2–2 $^1/_2$, eventuell auch maximal bis 3 %. Heutzutage beginnt die Notenbank spätestens bei der 3-%-Marke des Preisindex für die private Lebenshaltung restriktive bzw. bremsende Maßnahmen zu treffen. Die Börse, in Kenntnis dieser Verhaltensweisen der Notenbank, antizipiert solche Maßnahmen bereits einige Zeit vorher und reagiert auf die erwarteten zins- und geldpolitischen Bremsmanöver der Notenbank im Vorwege mit entsprechenden Kurssenkungen. Der kluge Anleger wird also die Maßnahmen der Notenbank in der Wirtschaftspresse regelmäßig verfolgen, daraus seine Schlüsse ziehen und an der Börse umsetzen. Wenn der Anleger von restriktiven oder bremsenden Maßnahmen der Noten- bzw. Bundesbank hört, oder nur davon, daß dergleichen in der Diskussion stünde, so weiß er, daß die Zinsen steigen und mit einer gewissen zeitlichen Verzögerung die Aktienkurse sinken werden oder auch von der Börse bereits eskomptiert (vorweggenommen) sind.

Solche Maßnahmen können beispielsweise sein:

Restriktive Maßnahmen der Bundesbank:

- Erhöhung des Diskontsatzes, das ist der Zinssatz, zu dem die Geschäftsbanken bei der Bundesbank Wechselkredite aufnehmen können, um das Geld an ihre Kunden weiterverleihen zu können. Dementsprechend werden die Geschäftsbanken ihrerseits ihre Kreditzinsen erhöhen.
- Erhöhung des Lombardsatzes, das ist der Zinssatz, zu dem die Geschäftsbanken gegen Verpfändung von Wertpapieren (Aktien, Anleihen) sog. Lombardkredite aufnehmen können, die sie an ihre Kunden weiterverleihen. Dementsprechend werden die Geschäftsbanken auch durch diese Maßnahme ihrerseits ihre Kreditzinsen erhöhen.
- Senkung der Rediskontkontingente; das ist das Volumen an Wechselkrediten, bis zu dessen Höhe die Geschäftsbanken bei der Bundesbank Wechselkredite zum gegebenen Diskontsatz aufnehmen können. Dadurch verknappt sich die den Banken verfügbare Liquidität. Das Kreditangebot verringert sich, die Kreditzinsen steigen.
- Erhöhung der Mindestreserven; das ist der Prozentsatz (10–30 %), den die Geschäftsbanken von jeder Kundeneinlage (Spar-, Termin- oder Sichteinlagen) an die Bundesbank zinslos abführen und dort hinterlegen müssen. Damit verknappt sich die den Geschäftsbanken verfügbare Liquidität, die Zinsen steigen.
- Verkauf von Wertpapieren (insbesondere Anleihen, Schatzbriefe, Schuldverschreibungen u. ä.) am sog. Offenen Markt zu günstigen Konditionen. Damit wird für die Geschäftsbanken ein Anreiz geschaffen, von der Bundesbank solche Wertpapiere aufzukaufen und im Gegenzug dazu an die Bundesbank entsprechende Geldmittel in gleicher Höhe abzuführen. Damit verknappt sich die den Geschäftsbanken verfügbare Geldmenge bzw. Liquidität,

die Zinsen steigen. Wirkung der restriktiven Maßnahmen auf die Börse: Die Aktienkurse fallen.

Expansive Maßnahmen der Bundesbank:

Will die Bundesbank ihren Teil dazu beitragen, eine schwache Konjunktur oder eine drohende Rezession zu bekämpfen, setzt sie die gleichen Instrumente mit umgekehrten Vorzeichen ein. Eine sich abschwächende konjunkturelle Entwicklung führt dazu, daß die Bundesbank zu einer expansiven Geldpolitik, einer Politik des leichten bzw. ›billigen‹ Geldes übergeht. Die Folge sind sinkende Zinsen und damit steigende Aktienkurse. Insbesondere auch die institutionellen Anleger werden ihre erhöhte Liquidität im verstärkten Kauf von Aktien anlegen. Der Anleger wird dann in der Wirtschaftspresse lesen, daß die Bundesbank folgende Maßnahmen treffen will oder trifft:
- Senkung des Diskontsatzes, meist verbunden mit der gleichzeitigen
- Senkung des Lombardsatzes.

Häufig in Kombination mit der
- Erhöhung der Rediskontkontingente,
- Senkung der Mindestreserven,
- Aufkäufen von Wertpapieren am Offenen Markt bzw. Erhöhung des Angebots an Pensionsgeschäften.

Wirkung der expansiven Maßnahmen auf die Börse: Die Aktienkurse steigen.
Wer die geldpolitischen Maßnahmen der Bundesbank in der Vergangenheit regelmäßig verfolgte, verfügte damit über relativ eindeutige Signale für die richtigen Zeitpunkte zum Kaufen oder Verkaufen an der Börse.
Die Abbildung belegt den Zusammenhang zwischen der Entwicklung der Geldmenge bzw. Liquidität und den Zinsen sowie der Entwicklung der Aktienkurse in der Bundesrepublik Deutschland. Die geldpolitischen Maßnahmen der

›Zinsentwicklung und Börse‹

Quelle: *Handelsblatt*

Bundesbank verfolgten bis ins Jahr 1982/83 noch primär binnenwirtschaftliche Ziele, nämlich die Dämpfung des *inländischen* Preisauftriebs. Der Zins-Kurs-Mechanismus funktionierte bis dahin ›normal‹, indem steigende Zinsen mit sinkenden Kursen und umgekehrt einhergingen.

Der Anleger muß dabei beachten, daß auf die Stabilisierung der *Binnenwirtschaft* abzielende und zu erwartende Maßnahmen der Zinspolitik und dementsprechende Zinsentwicklungen von der Börse in der Regel in den Aktienkursen bereits (etwa ein halbes Jahr) im voraus eskomptiert werden, so daß nach der Maßnahme meist keine Reaktion der Börse mehr erfolgt.

Die Ausnahme von der Regel ›sinkende Zinsen – steigende Kurse‹ und ›steigende Zinsen – sinkende Kurse‹ besteht für

den Fall, daß eine restriktive Zinspolitik mit höheren Diskont- und Lombardsätzen nicht primär binnenwirtschaftlichen Zwecken der Wachstumsankurbelung oder Inflationsdämpfung dient, sondern außenwirtschaftlichen Zielen, wie der Bremsung der Kapitalabwanderung in das zinshöhere Ausland.
So dienten die geldpolitischen Maßnahmen bspw. der Jahre 1988 und 1989 primär außenwirtschaftlichen Zielen, nämlich der Abwehr von Kapitalabflüssen in das zinstreibende Ausland (allen voran den USA).
Bei einer außenwirtschaftlich bedingten restriktiven Geldpolitik der Notenbank bedeuten steigende Zinsen die Verhinderung von Geldabflüssen in das Ausland oder sogar Geldzuflüsse aus dem Ausland in das Inland. Die damit bewirkte größere Liquidität im Inland führt dann entgegen dem Zinstrend paradoxerweise zu steigenden Aktienkursen.
Die Geldpolitik und der Stand der Leitzinsen sind ›normalerweise‹ ein zuverlässiger Indikator für die Konjunkturphase, in der sich die Wirtschaft befindet und zugleich auch für die Situation an der Aktienbörse – soweit die Geldpolitik primär binnenwirtschaftliche Ziele verfolgt.
Der Anleger ist also gut beraten, die Diskussionen um die aktuelle Geldpolitik regelmäßig zu verfolgen und ihre Zielrichtung, potentiellen Auswirkungen auf Zinsen und Aktienkurse frühzeitig in seinen Kauf- und Verkaufsentscheidungen vorwegzunehmen; d. h. niemals Aktien zu kaufen, wenn die Notenbank binnenwirtschaftlich orientierte restriktive Maßnahmen trifft oder diese zu befürchten sind und andererseits zu kaufen, wenn die Notenbank eine Politik des leichten Geldes betreibt oder gar expansive Maßnahmen trifft oder erwarten läßt. Die Fähigkeit zur Zinsanalyse und -prognose ist entscheidend für den Börsenerfolg des Anlegers. Erschwert wird die Zinsanalyse jedoch durch die genannte Tatsache, daß die Börse die Konjunktur- und Zinsentwicklung in den Aktienkursen in der Regel Monate im voraus eskomptiert sowie primär außenwirtschaftlich orien-

tierte Maßnahmen der Notenbank die Ausnahme von der Regel bilden können.

c) Indikatoren der Zinsentwicklung

Die wichtigsten Indikatoren der Zinsentwicklung auf dem Kapitalmarkt sind für den Anleger:

(a) Höhe und Trend der Leitzinsen der Notenbank;
(b) Zinsdifferenzen zwischen verschiedenen Ländern;
(c) Zinshöhe und Trend für 3-Monatsgelder am Geldmarkt sowie Renditen von Schuldverschreibungen und Staatsanleihen langfristiger Laufzeiten (10–30 Jahre).

Die Zinsen, als Preis für die Überlassung von Geld, ergeben sich grundsätzlich aus Angebot und Nachfrage, z. B. in Form von Kapital oder Krediten. ›Grundsätzlich‹ heißt, daß die Notenbank über die Regulierung von Zinsen und Geldmenge indirekt auf Angebot und Nachfrage von Geld Einfluß nimmt. Angebot und Nachfrage nach Geld werden, außer von der Notenbank, einerseits vom Bedarf nach Krediten für die Finanzierung von Investitionsvorhaben in Unternehmen oder für Konsumvorhaben in Haushalten bestimmt, andererseits von der Ersparnisbildung der Haushalte und den Liquiditätsüberschüssen der Unternehmen. Verstärkend hinzu kommen die Erwartungen der Marktteilnehmer an die Zinsentwicklung. Die Antizipation von Zinsänderungen verstärkt die jeweilige Zinstendenz. Die Erwartung steigender Zinsen führt zu einer verstärkten Nachfrage nach den noch zinsgünstigen Geldern und Krediten und treibt, wenn viele Marktteilnehmer gleiches tun, die Zinsen erst recht in die Höhe – und umgekehrt.
Die Zinserwartungen der Teilnehmer verändern also die Zinsentwicklung. Umgekehrt gibt die Zinsentwicklung indirekt eine Auskunft über die Zinserwartungen der Marktteilnehmer. Diese Zinsentwicklung kommt vor allem in der Zinskurve zum Ausdruck. Die Zinskurve ist die grafi-

sche Darstellung der Renditen festverzinslicher Wertpapiere gleicher Qualität aber unterschiedlicher Laufzeit. In einem Koordinatensystem mit senkrechter und waagerechter Achse werden auf der senkrechten Achse die Renditen und auf der waagerechten Achse die jeweiligen Laufzeiten notiert.

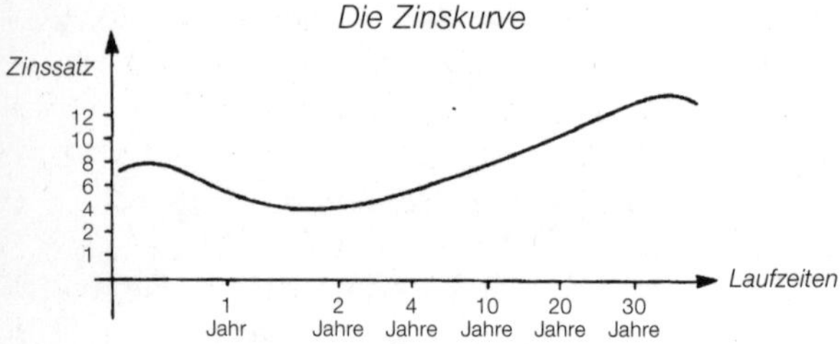

Es ergibt sich eine Kurve mit steigender gleichbleibender oder fallender Tendenz, auch wenn sich einige Unregelmäßigkeiten darin zeigen sollten.
Eine steigende bis stark steigende Zinskurve bedeutet steigende Zinserwartungen. Eine nur leicht steigende oder konstante Zinskurve bedeutet konstante Zinserwartungen. Und eine fallende bis stark fallende Zinskurve bedeutet fallende Zinserwartungen.
Eine etwa wellenförmige Zinskurve verweist auf Sondersituationen in der Angebots- und Nachfragestruktur nach Geld und Krediten. Die Analyse der Zinskurve gibt dem vorausschauenden Anleger einen Frühindikator zur Einschätzung des Zinstrends und infolgedessen des Börsentrends. Er verfügt damit über ein wichtiges Kriterium für seine Kauf- und Verkaufsentscheidungen.

7. Technische Analyse

Unter technischer Analyse werden statistische Kennziffern der Kursentwicklung verstanden, neuerdings auch in Verbindung mit programmierten Verfahren für Personalcomputer. Die technische Analyse arbeitet mit Zeitreihen von Aktienkursen eines Einzelwerts, einer Branche oder auch des Gesamtmarktes (mittels einer repräsentativen Auswahl aus der Gesamtheit aller Aktienwerte) und erstellt auf dieser Basis Kennziffern, Trendindikatoren und Grafiken. Die Prämisse der technischen Analyse ist, daß alle Informationen, die für eine ›Prognose‹ erforderlich sind, in den Kursen und deren bisheriger Entwicklung implizite, d.h. gleichsam verborgen enthalten sind.

a) Gleitender Durchschnitt

Bei der Methode der gleitenden Durchschnitte wird für einen Aktienwert (oder eine Anzahl von Aktienwerten) für eine bestimmte Anzahl von Tagen, zumeist 38 oder 200, ein Mittelwert aus den jeweiligen Kursen gebildet. Die Fortschreibung erfolgt täglich durch Wegfall des/der ältesten und Hinzunahme des/der jüngsten Tageskurse(s). Zweck der gleitenden Durchschnitte ist es, eine Zeitreihe von Kursen diverser Aktienwerte durch die Mittelwertberechnung* zu glätten, d.h. die Extreme in den Kursschwankungen zu bereinigen, damit der Haupt- oder Kerntrend in der Börsenentwicklung schärfer herauskommt.

Im Handelsblatt werden regelmäßig mit dem Deutschen Aktienindex ein 38-Tage- und ein 200-Tage-Durchschnitt veröf-

* Der arithmetische Mittelwert X errechnet sich aus der Summe einer Anzahl Kurswerte, geteilt durch die Anzahl der Kurswerte:

$$X = \frac{\text{Aktienkurs 1. Tag} + \text{Aktienkurs 2.Tag} + \text{Aktienkurs 3. Tag}}{\text{Anzahl der Kurse (hier: 3)}}$$

Siehe Graphik Seite 96.

Gleitende Durchschnitte – 38 und 200 Tage

Quelle: *Handelsblatt* 19. 7. 1997

fentlicht und zusammen grafisch abgebildet; der 38-Tage-Durchschnitt für den kurzfristigen Trend und der 200-Tage-Durchschnitt für den langfristigen Trend. Daraus lassen sich für den Anleger wichtige Signale herleiten. Erstens, wenn der kurzfristige 38-Tage-Durchschnitt den langen 200-Tage-Durchschnitt kreuzt (Cross over); zweitens, wenn sich eine deutliche Bewegungsrichtung der beiden Durchschnitte abzeichnet in Richtung steigend, fallend oder konstant; drittens, wenn sich der Kurs eines bestimmten Aktienwertes von den beiden gleitenden Durchschnitten nach oben oder unten entfernt. Insbesondere der sog. Cross over gilt als Durchbruchsignal, der eine endgültige Trendwende in der bisherigen fallenden oder steigenden Kursentwicklung anzeigt und damit als Kauf- bzw. Verkaufssignal gilt.

Durchbruch eines gleitenden Durchschnitts

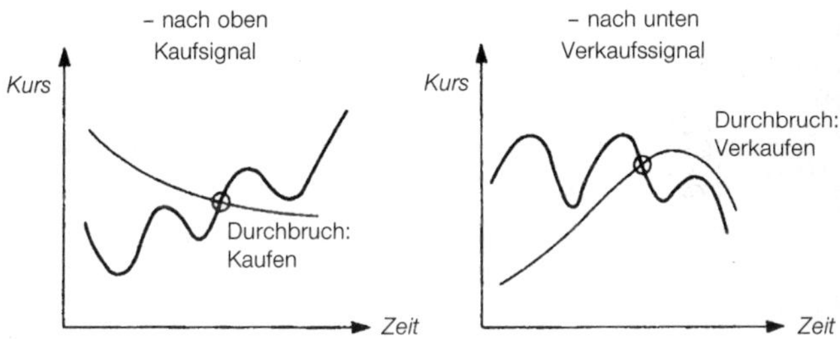

Um solche Cross over- oder Durchbruchsignale zuverlässiger zu machen, kann sich der Anleger für seine Kauf- und Verkaufsentscheidungen eine Regel zulegen, beispielsweise, daß ein bestimmter Aktienwert den langen gleitenden Durchschnitt mindestens um 5 % durchbrochen haben muß – sofern andere Kauf- oder Verkaufssignale, wie Zinsen u. a. in die gleiche Richtung weisen.

b) Die relative Stärke

Die relative Stärke (RS) eines Aktienwertes ist ein Maß der Richtung und Intensität der Kursentwicklung einer Aktie. Die RS erleichtert das Herausfinden der ›Renner‹ und der ›lahmen Enten‹ in der bisherigen Börsenentwicklung. Es gibt verschiedene Formeln der Bestimmung der ›relativen‹ Stärke. Eine einfache Berechnungsformel, die relative Stärke eines Aktienwertes zu bestimmen, ist beispielsweise:

$$RS = \frac{\frac{K_n}{K_h} + \frac{K_n}{K_j}}{2}$$

K_n = neuester Aktienkurs
K_h = Aktienkurs vor einem halben Jahr
K_j = Aktienkurs vor einem Jahr

Nach der vorgenannten Formel zur Bestimmung der relativen Stärke würde eine Aktie, die heute hoch auf dem gleichen Kursniveau verharrt wie vor 6 bzw. 12 Monaten, eine relative Stärke von 100 aufweisen. Aktienwerte, deren relative Stärke über 100 liegt, zeigen einen positiven Trend, jene unter 100 einen negativen Trend.
Die ›relative Stärke‹ von Aktien gibt also Aufschluß darüber, welche Aktien gerade ›stark im Rennen‹ und welche ›im Keller‹ sind. Die Berechnung der relativen Stärke bezieht sich auf eine bestimmte Vergangenheitsperiode, beispielsweise ein halbes Jahr. Auf dieser Basis wird berechnet, wie stark sich verschiedene Aktienwerte in dieser Periode zueinander im Kurswert verändert haben. Eine höhere relative Stärke ist für den Anleger ein Signal zum Kaufen oder Halten, eine Verschlechterung der relativen Stärke ein Signal zum Verkaufen. Eine Aktie mit einer relativen Stärke unter 100 müßte danach verkauft werden; eine Aktie mit einem Kurs, der die 100 gerade deutlich überschritten hat, gekauft werden; Aktien mit steigenden relativen Stärken gehalten werden.
Dennoch ist auch gegenüber diesem Indikator Vorsicht angebracht. Die relative Stärke ist kein sicheres Signal für den weiteren Weg eines Aktienwertes, sondern nur ein Indiz für eine bisherige Trendrichtung.

c) Das Umsatzvolumen

Veränderungen im Umsatzvolumen, also der Menge der An- und Verkäufe einer Aktie, sind ein wichtiges Indiz für die

Stärke der Kursbewegung nach oben oder nach unten. Ein steigendes Umsatzvolumen – bei steigenden oder fallenden Kursen – ist für den Anleger ein Zeichen für ein steigendes Interesse an diesem Aktienwert im positiven oder im negativen Sinne. Steigende Aktienkurse bei gleichzeitig steigendem Umsatzvolumen gelten als eindeutiges Trendsignal für eine Kursbewegung nach oben – und umgekehrt. Entwickelt sich das Umsatzvolumen entgegen dem Kurstrend, ergibt dies eine Schaukelbörse. Anders in Konsolidierungs- oder Umkehrphasen, wo sich das Umsatzvolumen häufig gegen den Kurstrend entwickelt. Wichtiger als das absolute Umsatzvolumen ist dabei die *Stärke der Veränderung* im Verhältnis zum Kurstrend.

d) Das Momentum

Mit dem Momentum wird der aktuelle Kurs einer Aktie, im Verhältnis einer beliebigen Anzahl Tage zuvor, bezeichnet:

$$M = \frac{K_n}{K_{n-x}} \times 100$$

K_n = aktueller Kurs
K_{n-x} = Kurs vor x Tagen
(x ist beliebig wählbar, i. d. R. 20–30 Tage)
M = Momentum

Das Momentum verdeutlicht die Stärke der zyklischen Kursschwankungen. Ein Momentum unter 100 bedeutet eine negative Änderung des Aktienkurses, umgekehrt bedeutet ein Momentum über 100 eine positive Kursänderung.
Solange das Momentum über 100 bleibt, ist die Haussesituation intakt, umgekehrt besteht der Kursverfall weiter, wenn das Momentum unter 100 bleibt.
Der Trend eines Aktienkurses bleibt erhalten, solange Kurs und Momentum die gleiche Richtung aufweisen. Umge-

kehrt bedeutet ein Auseinanderlaufen der Richtung von Kurs und Momentum eine Trendwende. Ein Momentum, das beständig unter oder über 100 verharrt, bestätigt demgegenüber den bestehenden Kurstrend.
Das Momentum ist ein nützlicher Indikator für die frühzeitige Anzeige von Trendwenden in der Kursentwicklung einer Aktie. Je nach der gewählten Anzahl Tage wird das Momentum für Kursveränderungen sensibler, denn das Momentum mißt eben die *Stärke der Veränderung.* Die Änderung eines Kurstrends zeigt sich meist durch eine vorherige Abschwächung an. Diese Abschwächung, oder umgekehrt die weiterbestehende Stärke des Kurstrends, zeigt das Momentum frühzeitig und deutlich an.
Ein steigendes Momentum gilt als ein Kaufsignal, ein stagnierendes als ein Haltesignal und ein fallendes als ein Verkaufssignal.
Allerdings kann auch das Momentum vor überraschenden Kursänderungen durch unvorhersehbare Ereignisse nicht warnen.

Beispiel für ein Momentum:
Im Mai 1997 lag der Kurs der Lufthansa-Aktie bei 27 D-Mark (siehe folgende Abbildung), 20 Tage davor hatte er noch bei 23,5 D-Mark gelegen. Das Momentum, bezogen auf den Zeitraum dieser Kursveränderung, betrug damit:

$$\frac{27}{23{,}5} \times 100 = 115.$$

Dieser deutlich über 100 liegende Wert ließ auf einen weiteren Kursanstieg **hoffen**. Der weitere Kursverlauf hat dies zwar bestätigt, dennoch hätte der Kurs genausogut ›kippen‹ können, wenn sich Angebot und Nachfrage entsprechend entwickelt hätten. Deshalb ist das Momentum noch kein hinreichendes Indiz für den weiteren Kursverlauf, sondern läßt sich nur in Verbindung mit anderen Börsenindikatoren sinnvoll einsetzen.

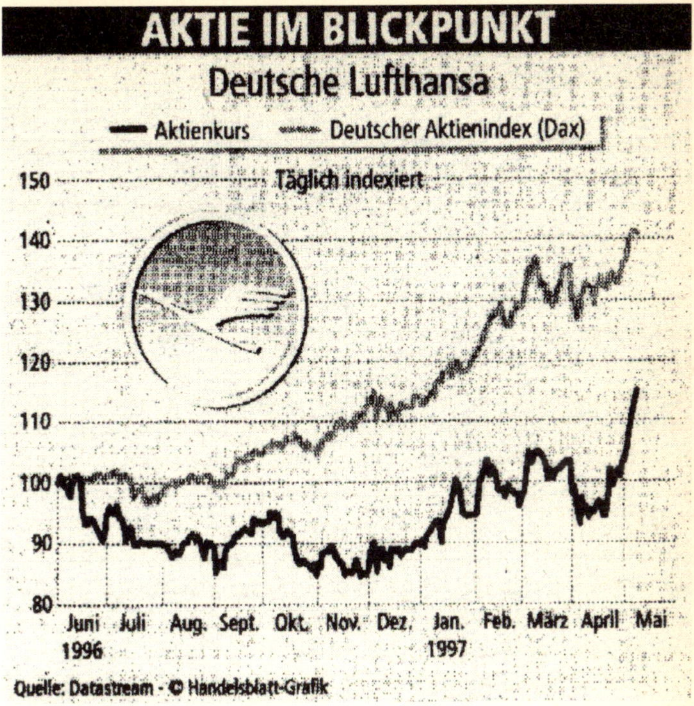

Kursgewinne von über 3 % konnten Lufthansa nach den positiven Quartalszahlen verbuchen. Im Börsenverlauf erreichte die Aktie mit 27,05 DM ein Rekordniveau (Schluß: 26.85 DM).

Quelle: *Handelsblatt* 14. 5. 1997

8. Charttechnik

Die Erfahrung lehrt, daß sich die Aktienkurse an der Börse in Trends bewegen, die sich solange Fortsetzen, bis eine grundsätzliche Änderung in der Konstellation von Angebot und Nachfrage eintritt, die also den Trend umkehrt.

Die Chartanalyse von einzelnen Aktienwerten, ganzer Branchen oder einer repräsentativen Auswahl bestimmter Aktien ist eine Methode der grafischen Analyse der Kursverläufe von Aktien mittels sog. Charts (Grafiken) mit dem Ziel, Regelmäßigkeiten in den Trendverläufen und Umkehrpunkten von Aktienkursen frühzeitig zu erkennen, die Schlüsse auf ihre weitere Entwicklungsrichtung ermöglichen. Die Chartanalyse ist ein für Börsianer und professionelle Anleger unverzichtbares, analytisches Hilfsmittel der Aktienanalyse und Anlageentscheidung. Ganze Verlage existieren von der laufenden Nachfrage nach Charts und geben für in- und ausländische Börsen regelmäßig aktualisierte Charts heraus. So beispielsweise der bekannte Hoppenstedt-Verlag, Darmstadt, oder der Schmidt-Verlag, Würzburg. Letzterer gibt beispielsweise ein zweiwöchentlich erscheinendes Chart-Heft für die deutschen Börsenwerte heraus (Preis ca. 20 DM monatlich).
Die Fähigkeit zur Aktienanalyse mit Charts ist für den Anleger eine wertvolle Qualifikation. Die Chartanalyse darf jedoch nicht als ein sicheres Verfahren der Kursprognose mißverstanden werden, sondern sie ist ein nützliches Instrument unter anderen. Es ist auch nicht auszuschließen, daß Aktienanalysen und Anlageentscheidungen auf der Grundlage von Chartanalysen nicht zuletzt deswegen häufig so erfolgreich sind, weil eine Vielzahl von Anlegern regelmäßig solche Charts verwenden und entsprechend disponieren. Je mehr Anleger aber ihre Kauf- und Verkaufsentscheidungen auf der Basis von Charts treffen, desto wahrscheinlicher tritt auch die in der Chartanalyse ermittelte ›Voraussage‹ ein. Chartvoraussagen würden dann zu einer sich selbst erfüllenden Prophezeiung. Dem Erfolg tut das dennoch keinen Abbruch, solange genügend andere Anleger ihre Kauf- und Verkaufsentscheidungen nicht auf der Basis von Charts treffen.

a) Theorie

Die der Chartanalyse zugrundeliegende Vorstellung ist die Annahme, daß alle Informationen im Preis einer Aktie enthalten sind. Die Kursentwicklung ist Ausdruck der Entwicklung des Verhältnisses von Angebot und Nachfrage. Je breiter und transparenter der Aktienmarkt ist, desto direkter wirken Angebot und Nachfrage auf den Kurs einer Aktie. Die Frage nach den Gründen für die Verkaufs- und Kaufentscheidungen einzelner Marktteilnehmer ist für die Chartanalyse ohne Interesse. Vielmehr werden Charts als eine grafische Darstellung der dominierenden Marktmeinung als eines massenpsychologischen Zustandes verstanden. Die Chartanalyse erfaßt und interpretiert die massenpsychologischen Bewegungen der Marktteilnehmer an der Börse. Die vergangenen und gegenwärtigen Kurse spiegeln oder reflektieren gleichsam die vergangenen und gegenwärtigen Ängste und Hoffnungen der Marktteilnehmer gegenüber einer einzelnen Aktie, einer Branche oder dem gesamten Markt an der Börse. Die Frage ist jedoch, ob wirklich alle Informationen über die Hoffnungen und Befürchtungen der Marktteilnehmer in den Kursen enthalten sind. Schließlich arbeitet die Chartanalyse nach dem Prinzip der Wiederholung des ewig Gleichen. Sie sieht in den Kursverläufen typische, sich immer wieder wiederholende Bewegungsabläufe in Gestalt charakteristischer Trendfiguren, Formationen genannt, die typisch sind für bestimmte Kursbewegungen und -änderungen.

Vielfach wird die Vorstellung der Chartanalyse von den Trends und Zyklen der Aktienkurse mit den Gezeiten von Ebbe und Flut und den diese überlagernden Meereswellen verglichen. Die Gezeiten von Ebbe und Flut entsprechen den konjunkturbedingten mehrjährigen ›Kippschwingungen‹ der Aktienkurse. Diese langfristigen, mehrjährigen zyklischen Schwingungen werden von kurzfristigen mehrmonatigen Wellen überlagert.

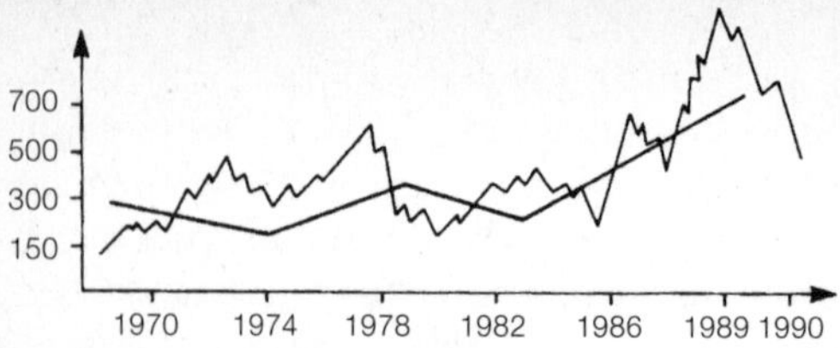

Während die kurzfristigen Wellen steigen und fallen, tragen die langfristigen Gezeiten mit der Flut das Wasser immer höher auf das Land. Die Richtung der Gezeiten – ob Flut oder Ebbe, läßt sich bestimmen, indem man jeweils auf der höchsten Linie, die das Wasser erreicht hat, eine Markierung anbringt. Irgendwann kommt der Zeitpunkt, zu dem die von der Flut getragenen Wellen die zuletzt befestigte Markierung nicht mehr erreichen. Dies ist das Signal, daß die Flut ihren Höhepunkt erreicht hat und die Ebbe beginnt. Für die Börse heißt dies entsprechend, daß ein langfristiger Kursanstieg eine Hausse – langsam umschlägt in einen längerfristigen Kursverfall – eine Baisse.
Diese bildhafte Entsprechung von den Gezeiten und Wellen des Meeres und den Zyklen von Hausse und Baisse an der Börse soll verdeutlichen, daß die Chartanalyse weniger der Prognose von Aktienkursen dient. Vielmehr dient die Chartanalyse als eine Art Barometer, mit dessen Hilfe Trendrichtungen und Umkehrpunkte der Kursverläufe von Aktien bestimmt werden können.

b) Techniken

Charts sind grafisch dargestellte Zeitreihen von Kursverläufen. In einem Koordinatensystem mit einer senkrechten Achse wird die Kurshöhe notiert und auf einer quer verlaufenden waagerechten Achse der Zeitablauf, gemessen in Tagen, Wochen, Monaten oder Jahren. Je größer der zu dokumentierende Zeitablauf, desto mehr werden die grafi-

schen Darstellungen der Kursverläufe geglättet. Das heißt, kurzfristige Tages- und Wochenbewegungen der Kurse verschwinden gleichsam in einer langfristigen Durchschnittsbewegung. Üblicherweise wird der Zeitraum der Kursbewegung einer Aktie so weit gewählt, daß die vom Kursverlauf erreichten absoluten Höchst- und Tiefstkursstände im Chart mit abgebildet werden. Das heißt in der Regel arithmetischer oder halblogarithmischer Maßstab.
Beim arithmetischen Maßstab entspricht eine abgetragene Zeiteinheit einem immer gleichbleibenden bestimmten Betrag in DM, beispielsweise ein Millimeter auf der Achse entspricht einer DM oder 10 DM. Beim logarithmischen Maßstab entspricht eine abgetragene Zeiteinheit einem prozentualen Abstand der Kurse zueinander. Beispielsweise ein Millimeter = 1 oder 10 % Kursanstieg. Das heißt, eine Kursveränderung von 10 auf 20 DM, das ist eine Kurssteigerung von 100 %, würde mit einem Zentimeter abgetragen, während eine Kursveränderung von 100 auf 110 DM lediglich mit einem Millimeter abgetragen würde. Der logarithmische Maßstab stellt eine zuverlässigere Abbildung der Kursentwicklung dar. Halb-logarithmisch ist demgegenüber ein Chart, wenn nur der Kursmaßstab, *nicht* aber die Zeiteinheit logarithmisch dargestellt wird.
In der Chartanalyse werden drei verschiedene Arten von Grafiken verwendet: Linien-Charts, Balken-Charts und Point-and-Figure-Charts, wie die umseitige Abbildung zeigt.
Beim Linien-Chart werden nur die Schluß- oder Kassakurse je Zeiteinheit notiert. Die Verbindung der Kurspunkte je Zeiteinheit ergibt dann eine Linie. Linien-Charts sind einfach zu erstellen, gut übersichtlich und ermöglichen es auch, mehrere Aktienwerte in einem Chart gleichzeitig darzustellen. Beim Balken-Chart werden entweder Höchst- und Tiefstkurse oder statt dessen auch Eröffnungs- und Schlußkurse je Zeiteinheit notiert. Dies ergibt je Zeiteinheit einen Strich oder Balken. Dadurch ergibt sich eine deutlichere Darstellung des Ausmaßes der Kursschwankun-

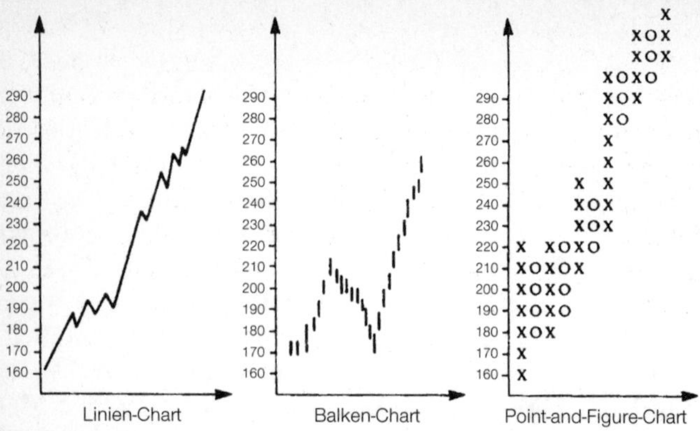

gen über die Zeit. Der Balken-Chart wird am häufigsten verwendet.

Beim Point-and-Figure-Chart wird im Gegensatz zu den beiden anderen die Zeit nicht notiert. Kursveränderungen werden, solange sie in eine Richtung nach oben (mit x) oder unten (mit o) gehen, auf der senkrechten Achse über- oder untereinander notiert. Bei einer Richtungsänderung, beispielsweise von oben nach unten, wird dann rechts von der bisherigen Notierung in einer neuen Spalte die Kursveränderung eingetragen; eine Richtungsänderung wird jedoch nur berücksichtigt, wenn die Kursbemessung 30 DM umfaßt, also drei Kästcheneinheiten. Der Zeitraum bleibt ohne Interesse. Für jede neue Kursnotierung muß allerdings eine – Minimalbewegung, beispielsweise von 10 DM vorliegen, erst dann wird eine neue Eintragung vorgenommen. Dadurch entsteht ein gewisser Glättungseffekt.

c) Trendlinien und Trendkanäle

Ein *Trend* ergibt sich aus der Verbindung von Höchst- oder Tiefstpunkten der Kursentwicklung einer Aktie. Bei einem Abwärtstrend werden die Höchstpunkte, bei einem Aufwärtstrend die Tiefstpunkte zu einer Trendgeraden verbunden. Die Verbindung steigender Tiefstpunkte ergibt somit einen Aufwärtstrend, die Verbindung fallender Höchstpunkte einen Abwärtstrend. Solange der Kurs einer Aktie sich über der aufsteigenden Trendlinie bewegt und diese nicht nach unten durchbricht, gilt dies als Signal zum Kaufen oder Halten. Zeigt eine Aktie eine absteigende Trendlinie, gilt dies als Verkaufssignal. Erst wenn der Kurs die absteigende Trendlinie nach oben durchbricht, gilt dies als Kaufsignal.

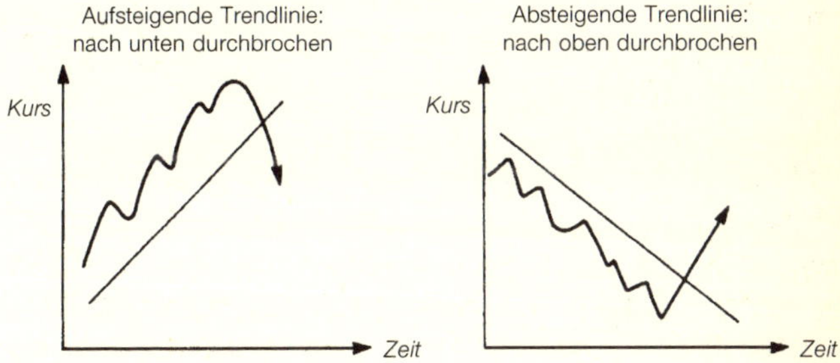

Zieht man entlang der Trendlinie eine Parallele, entsteht ein sog. *Trendkanal* (s. Abb.). Solche Trendkanäle sollen deutlichere Signale für kurzfristige An- und Verkäufe abgeben. Bei Durchbrechen der unteren Trendlinie gilt dies als Kaufsignal, bei Durchbrechen der oberen Trendlinie als Verkaufssignal.

Überdies unterscheidet man kurz-, mittel- und langfristige *Trendlinien* bzw. Trendkanäle, die sich wechselseitig überlappen können. So kann ein langfristig steigender Trend mittelfristig durch einen fallenden Trend und dieser durch einen kurzfristigen Konsolidierungstrend überlappt werden. Was kurz-, mittel- und langfristig ist, muß der Anleger selbst entscheiden. Üblicherweise werden kurzfristige Trends im Tages- bis Wochenbereich, mittelfristige im Drei- bis Neunmonatsbereich und langfristige Trends im Bereich von sechs bis achtzehn Monaten angesehen.

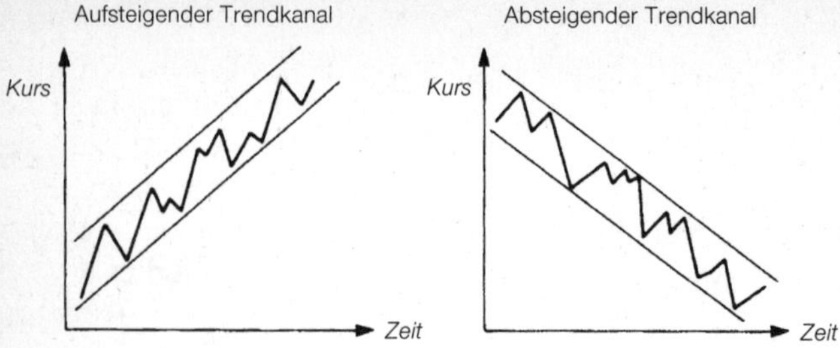

Die folgende Abbildung zeigt den historischen aufsteigenden Trendkanal des DAX in den Jahren 1978 bis 1997.

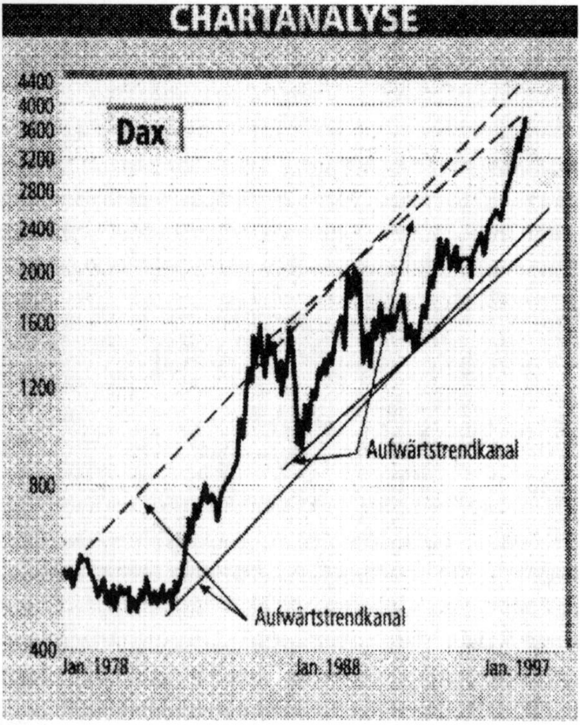

Quelle: *Handelsblatt* Feb. 1997

d) Widerstands- und Unterstützungslinien bzw. -zonen

Erreicht der Kurs einer Aktie ein Niveau, an dem er bereits früher schon einmal oder häufiger zum Stillstand gekommen ist oder wechselt er sogar die Richtung, spricht man von einer Widerstandslinie. Wenn ein Aktienkurs eine solche Widerstandslinie erreicht, wird er entweder seine Aufwärtsbewegung verlangsamen, eine Seitwärtsbewegung vollführen oder gar zurückfallen, oder aber im günstigsten Fall die Widerstandslinie durchbrechen. Letzteres wäre dann ein Signal für eine stark aufsteigende Trendlinie.
Umgekehrt liegt der Fall bei Unterstützungslinien. Eine solche liegt vor, wenn sich unter dem aktuellen Kurs einer Aktie eine Tiefstzone andeutet. Wenn sich der Kurs einer Aktie auf einer absteigenden Trendlinie bewegt und gegen die Unterstützungslinie gelangt, wird der Kurs entweder diese durchbrechen oder sich seitlich konsolidieren und nach und nach einen sog. Turn-around (Umkehr) vollziehen und die Trendlinie Richtung Aufwärtsbewegung ändern.
Gerät der Kurs eines Aktienwertes nach einem Abwärtstrend an eine Unterstützungslinie und in eine Stagnationsphase und beginnt zu steigen, gilt dies als Kaufsignal. Umgekehrt gilt es als Verkaufssignal, wenn der Kurs nach einem Aufwärtstrend an eine Widerstandslinie und in die Stagnationsphase gerät und sich zurückbildet.

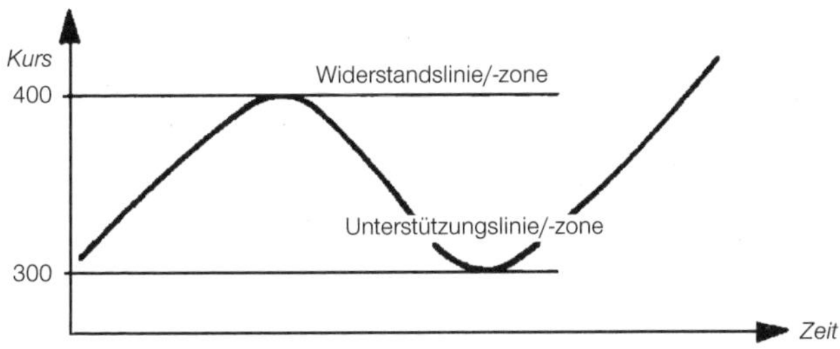

e) Formationen

Unter Formationen werden in der Chartanalyse typisierte Verläufe von Kursentwicklungen verstanden, die sich immer wieder im Zuge von Aufwärts- oder Abwärtstrends einzelner Aktienwerte oder der ganzen Börse wiederholen. Die Analyse von Chartformationen dient vor allem der Interpretation der dominierenden Marktmeinung an der Börse.
Man unterscheidet zwischen Umkehr- und Konsolidierungsformationen. Umkehrformationen werden als Formationen im Bereich der aufsteigenden Kursentwicklung beschrieben, denen tendenziell ein Abwärtstrend folgt. Konsolidierungsformationen gibt es demgegenüber im Bereich absteigender Kursentwicklung, denen tendenziell ein Aufwärtstrend folgt. Beide Formationen werden anschaulich auch als Top- und Bottomformationen bezeichnet. Sie stellen vor ›Ebbe und Flut‹ warnende Verkaufs- bzw. Kaufsignale dar.

(1) *Top- oder Konsolidierungsformationen*

Die Analyse typischer Top-Formationen auf dem mutmaßlichen (vorläufigen) Höhepunkt der Kursentwicklung einer Aktie oder Börse zeigt dem Anleger an, wann der günstigste *Verkaufszeitpunkt* gekommen ist; eine Top-Formation zeigt das Risiko eines größeren Kursrückschlags an.
Es werden etwa eine Handvoll typischer Top-down-Formationen unterschieden:

Kopf-Schulter-Top-Formation:
Bei der Kopf-Schulter-Top-Formation zeigt sich zunächst ein steiler Anstieg des Kurses zu einem ersten Höchstpunkt, dann ein Abfall des Kurses zu einem ersten Tiefpunkt – linke Schulter –; dann ein erneuter Kursanstieg zu einem zweiten Höchstpunkt, der deutlich über dem ersten Höchstpunkt liegt, und schließlich ein erneuter Kursabfall auf einen zweiten Tiefpunkt, der in etwa dem Kursniveau des ersten Tiefpunktes entspricht – diese Kursphase bildet den Kopf

der Formation. In der dritten Phase erfolgt ein erneuter Kursanstieg, der aber nicht mehr ganz die Höhe des zweiten Höchstpunktes erreicht und schließlich wieder auf das Niveau der ersten beiden Bodenpunkte und tiefer abfällt. Diese Phase bildet die rechte Schulter. Die beiden Tiefpunkte bilden zusammen die sog. Nackenlinie. Eine abfallende Nackenlinie wird als Kursschwäche interpretiert. Erst wenn die Kursbewegung diese Nackenlinie deutlich nach unten durchbricht, ist die Formation voll ausgebildet. Das Umsatzvolumen geht bei dieser Formation mit der Kursentwicklung in etwa parallel. Erst nach Durchbruch durch die Nackenlinie finden wieder deutlich erhöhte Umsätze statt. Die Kopf-Schulter-Formation dauert mindestens einen Monat, meistens eher zwei bis drei Monate und kann sich

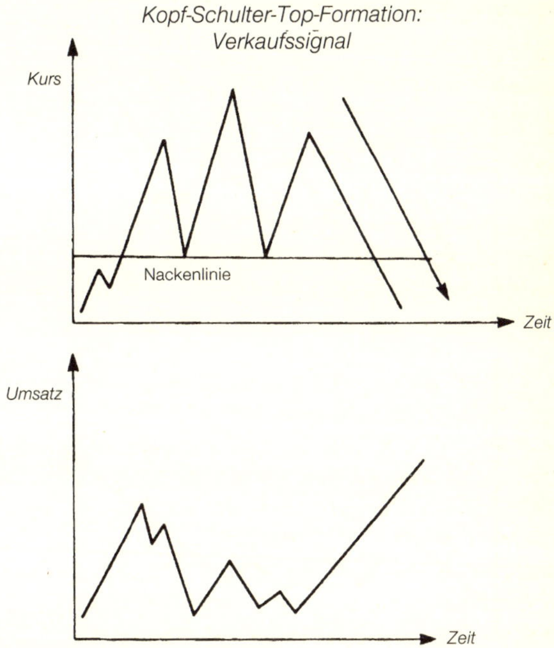

gelegentlich sogar bis zu einem Jahr erstrecken. Die Kopf-Schulter-Formation kann sich auch wiederholen. Zieht man eine Parallele zur Nackenlinie auf der Höhe des ersten Kurshöchstpunktes, so werden die Punkte optisch deutlicher, die dem Anleger die günstigsten Verkaufssignale bieten.

Gleichseitige Dreiecke:
Dreiecke sind in der Regel Konsolidierungsformationen, ausnahmsweise aber auch Umkehrformationen. Sie sind häufig Teil einer langfristigen größeren Formation. Ein Dreieck ergibt sich, wenn man die ersten Top- und die ersten Bodenpunkte eines Kursverlaufes miteinander verbindet, mit möglichst mehr als jeweils nur zwei Punkten. Das Kursniveau der Dreiecksspitze bildet für die weitere Kursentwicklung eine

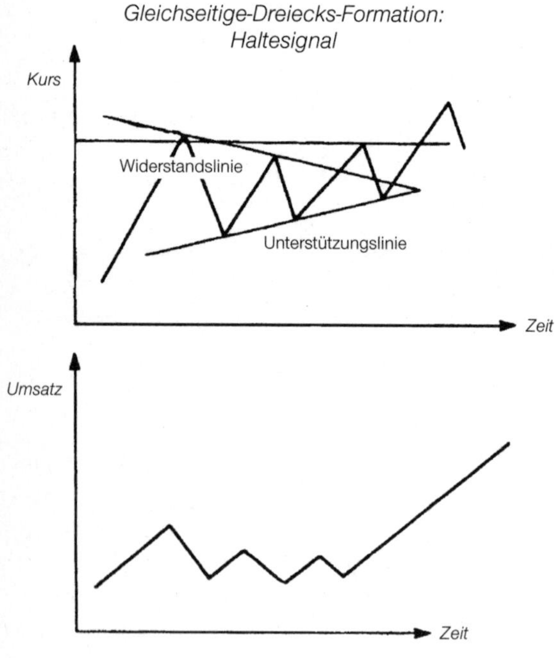

Unterstützungs- oder Widerstandslinie bzw. -zone. Dreiecke dauern zumeist ein bis drei Monate; das Umsatzvolumen nimmt während der Formationsbildung ständig ab. Erst bei Ausbruch zeigen sich dann steigende Umsätze. Dreiecke bilden sich aus einer Abfolge von Kursfluktuationen, bei denen die Fluktuationsbreite des Kurses ständig kleiner wird und sich dadurch steigende Böden und fallende Tops bilden.

Absteigende Dreiecke:
Bei einer absteigenden Dreiecksformation bleiben die Bodenpunkte auf etwa demselben Kursniveau, während die Toppunkte immer tiefer fallen. Die Zeitdauer dieser Formation geht von mehreren Wochen bis zu mehreren Monaten. Das Umsatzvolumen nimmt während der Formationsbildung ab. Der Ausbruch erfolgt dann jedoch bei steigenden Umsätzen. Absteigende Dreiecke sind Signal für weitere Kursrückgänge und damit Verkaufssignale.

Umgekehrte Dreiecke:
Bei dieser Kursformation zeigt sich eine wachsende Fluktuationsbreite des Kurses mit fallenden Böden und steigenden

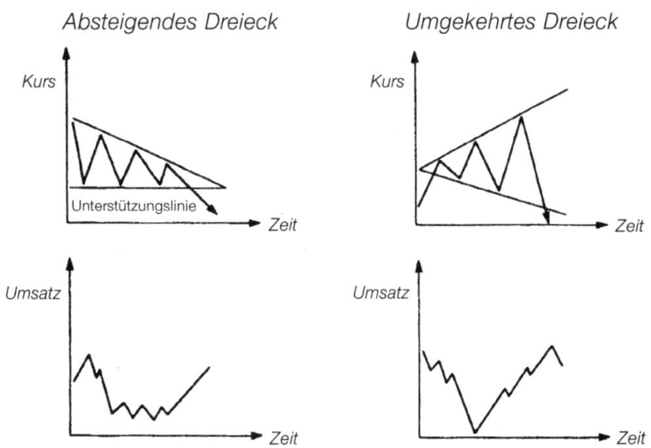

Tops. Sie dauern meist mehrere Wochen bei zugleich stark fluktuierendem Umsatzvolumen. Entwickelt sich das Umsatzvolumen jedoch zur Kursentwicklung gegenläufig, hat dies eine verstärkte negative Bedeutung für die weitere Kursbildung. Diese Kursformation läßt auf einen weiteren Kursrückgang schließen (siehe Abbildung Seite 113) und ist ebenfalls ein Verkaufssignal für den Anleger.

Rechtecke:
Bei einer Rechteckformation zeigt der Aktienkurs eine Abfolge von Fluktuationen, bei denen die Boden- als auch die Toppunkte ungefähr auf dem gleichen Kursniveau liegen. Die Rechteckformation dauert mindestens einen Monat. Bei der Rechteckformation sinkt das Umsatzvolumen. Erst bei Ausbruch aus der Formation gibt es steigende Umsätze. Die Rechteckformation ist in der Regel ein Signal für die Konsolidierung der Kursentwicklung.

Rechteck-Formation: Haltesignal

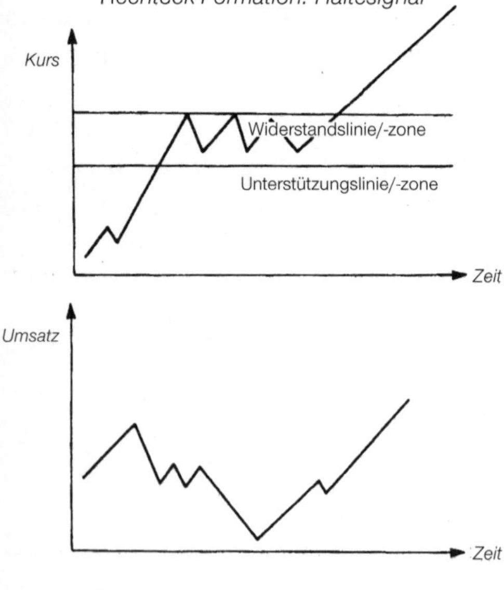

Wimpel und Flaggen:
Diese Formationen bilden sich häufig nach einer stark angestiegenen Kursentwicklung. Die Umsätze nehmen bei dieser Formation ab, und erst beim Ausbruch aus der Formation wieder deutlich zu. Der Ausbruch des Kurses aus der Formation erfolgt spätestens etwa nach vier Wochen. Bei einer Wimpelformation nimmt die Fluktuationsbreite dagegen ständig ab, in einer Abwärtsbewegung zeigt der Wimpel zumeist nach oben, während der Wimpel in einer Aufwärtsbewegung meist nach unten zeigt. Bei einer Flaggenformation zeigt der Kurs eine in etwa gleichbleibende Fluktuationsbreite zwischen den Boden- und Toppunkten, wobei jedoch die Boden- und Toppunkte ständig tiefer liegen als die vorangegangenen. Diese Formationen sind in der Regel Kaufsignale. Braucht der Kurs für den Ausbruch aus dieser Formation länger, nimmt die Wahrscheinlichkeit allerdings zu, daß es sich um eine längere Konsolidierung mit fallenden Kursen handelt.

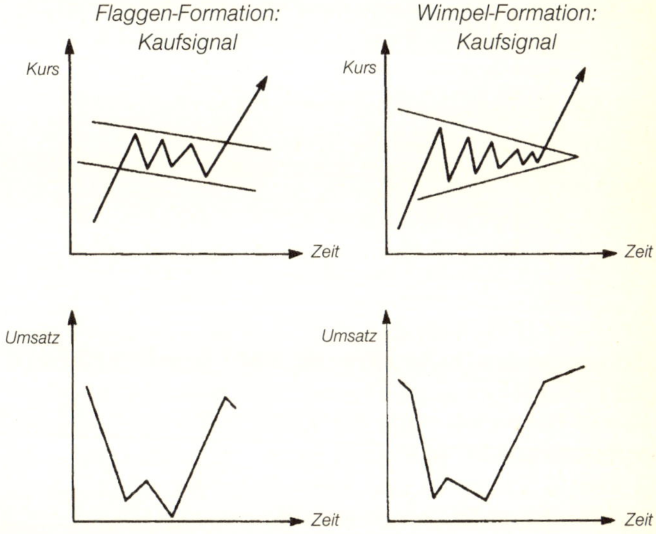

Runde Tops (Untertassen-Top):

Die Formation des runden Tops bzw. Untertassen-Tops bildet nach einem längeren Kursanstieg eine Widerstandslinie gegen einen weiteren Kursanstieg und vollzieht dann eine gewisse Seitwärtsbewegung. Nach einiger Zeit beginnt der Kurs abzubröckeln. Für den Anleger ein Verkaufssignal, um der Gefahr weiterer Kursverluste zu entgehen. Das Umsatzvolumen läuft mit der Kursentwicklung in der Regel parallel.

Runde Top-Formation (Untertassen-Top)

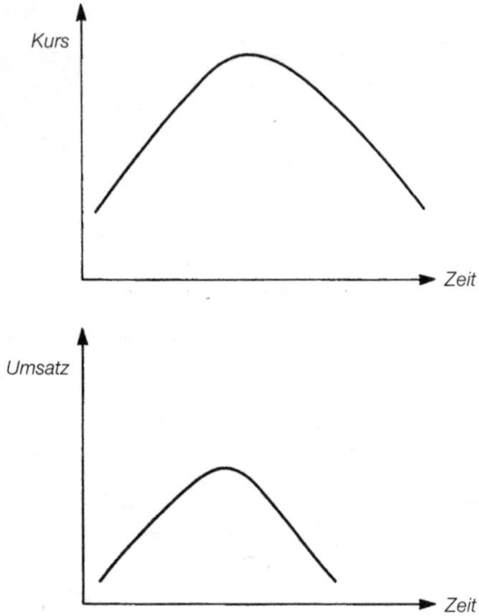

Doppel-Top (M-Formation):

Die Formation des Doppel-Top, auch M-Formation genannt, ist eine Umkehrformation an einer Widerstandslinie/-zone.

Bei der M-Formation steigt der Kurs einer Aktie auf einen ersten Höchstpunkt, fällt dann wieder deutlich zurück auf einen ersten Tiefpunkt und steigt dann wieder auf einen zweiten Höchstpunkt, der in etwa dem ersten Höchstpunkt entspricht. Zusammen bilden sie eine Widerstandslinie. Danach stellt sich dann in der Regel ein längerer Kursabstieg ein. Die M-Formation benötigt auf jeden Fall mehr als einen Monat, in der Regel zwei bis drei Monate. Das Umsatzvolumen läuft in etwa mit dem der Kursentwicklung parallel. Nur der letzte, endgültige Kursabstieg wird von einem hohen, steigenden Umsatzvolumen begleitet. Die M-Formation ist mithin ein deutliches Verkaufssignal.

Doppel-Top (M-Formation): Verkaufssignal

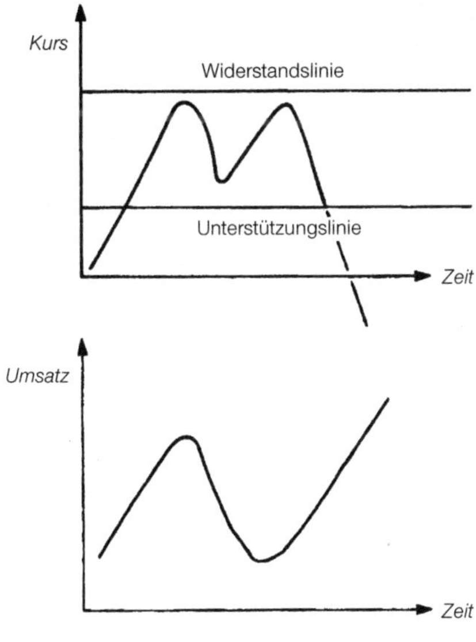

Keile:
Bei einer sog. Keilformation zeigt sich eine sehr kompakte und sehr häufige Fluktuation, bei einer Dauer von weniger als drei Wochen und deutlich abnehmendem Umsatzvolumen. Die Verbindung der oberen Toppunkte und der unteren Bodenpunkte ergibt ein keilförmiges schmales Dreieck. Ansteigende Grenzlinien bilden einen steigenden Keil, ab-

steigende Grenzlinien einen fallenden. Bei Ausbruch des Kurses aus der Formation zeigen sich stark steigende Umsätze. Keile sind kurzfristige Konsolidierungsformationen, die dem langfristigen Trend entgegenlaufen. Häufig sind sie Teil einer längerfristigen größeren Formation, beispielsweise einer Kopf-Schulter-Formation. Der Ausbruch aus einer fallenden Keilformation ist ein deutlich positives Kaufsignal, aus einer steigenden dagegen ein Verkaufssignal.

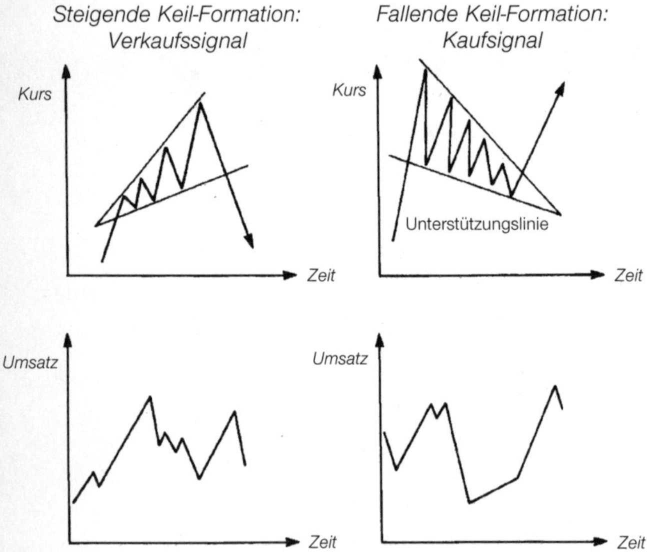

(2) *Bottom- oder Umkehrformationen*

Die Analyse typischer Bottom-Formationen auf dem mutmaßlichen (vorläufigen) Tiefstpunkt der Kursentwicklung einer Aktie oder Börse hilft dem Anleger bei der Entscheidung, wann der günstigste *Kaufzeitpunkt* gekommen ist.

Runde Böden (Untertassen):
Die Formation eines runden Bodens zeigt einen ständigen Kursrückgang in der Regel mit einer gewissen Seitwärtsbewegung, die mehrfach unterbrochen werden kann, nachdem der Kurs zuvor einen längeren Kursabstieg zu verzeichnen hatte. Das Umsatzvolumen geht parallel mit der Kursentwicklung. Einem solchen Boden folgt mit höchster Wahrscheinlichkeit ein langfristiger Anstieg der Kursentwicklung, in der Regel begleitet von entsprechend hohen Umsätzen. Eine solche Bodenbildung ist mithin ein Kaufsignal.

Runde Boden-Formation (Untertasse)

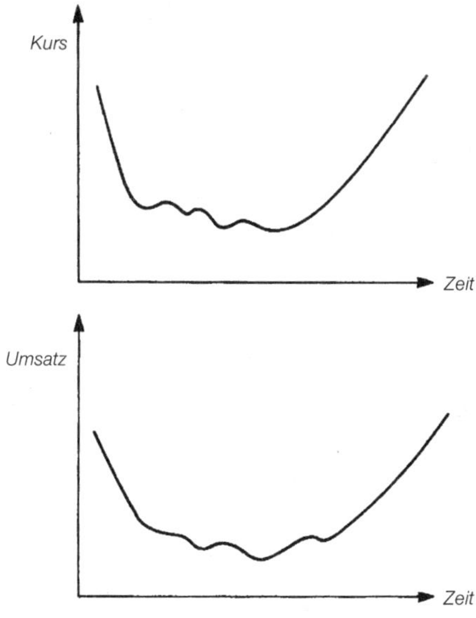

Ansteigende Dreiecke:
Bei dieser Dreiecksformation liegen die Bodenpunkte des Kurses ständig höher, während die Toppunkte ungefähr auf dem gleichen Kursniveau verharren. Auch diese Formation dauert in der Regel mehrere Wochen bis zu mehreren Mo-

naten. Das Umsatzvolumen nimmt während der Formationsbildung ständig ab. Erst bei Ausbruch aus der Formation steigen die Umsätze wieder deutlich an. Die ansteigende Dreiecksformation läßt eine steigende Kursentwicklung erwarten und ist mithin ein Kaufsignal.

Ansteigende Dreiecks-Formation: Kaufsignal

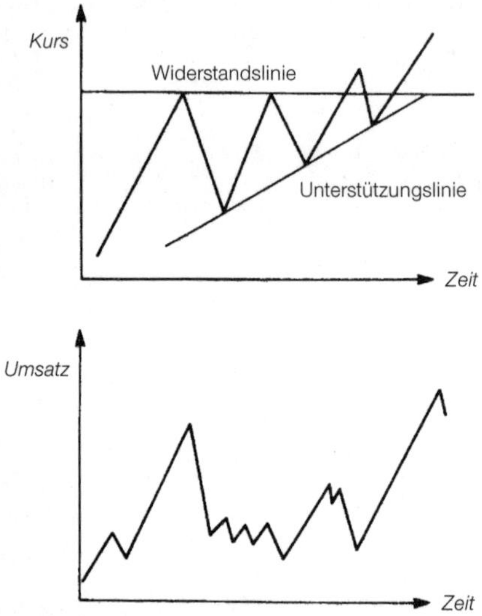

Doppel-Boden (W-Formation):

Die Doppel-Boden-, Doppel-Tief- oder W-Formation ist eine Umkehrformation an einer Unterstützungslinie, auch als W-Formation bezeichnet. Bei der W-Formation fällt der Kurs auf einen ersten Tiefpunkt, steigt dann wieder und fällt wieder auf eine untere Unterstützungslinie zurück. Steigt dann ein zweites Mal an, um wiederum zurückzufallen und steigt schließlich, in der Regel endgültig, zu einem längeren Kursanstieg wieder an.

Die W-Formation benötigt mehrere Monate bis zwei Jahre.

Das Umsatzvolumen läuft mit der Kursentwicklung parallel. Die Figur des doppelten Bodens oder auch W-Formation stellt das umgekehrte Bild der M-Formation auf einer Unterstützungslinie dar. Die W-Formation ist ein deutliches Kaufsignal für den Anleger.

Doppel-Boden (W-Formation)

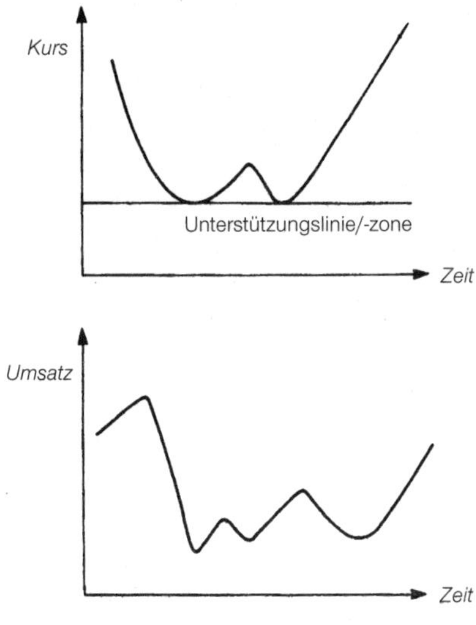

Kopf-Schulter-Bottom-Formation:

Die Kopf-Schulter-Bottom-Formation (oder Kopf-Schulter-Boden-Formation) findet an einer Unterstützungslinie statt. Bei dieser Formation entwickelt sich der Kurs ähnlich wie bei der Kopf-Schulter-Top-Formation, jedoch nur mit umgekehrtem Kursbild. Auch hier findet der Ausbruch mit hohen Umsätzen nach Durchbrechen der Nackenlinie statt. Diese Turn-around-Formation ist für den Anleger mit Durchbrechen der Nackenlinie ein deutliches Kaufsignal (s. Abb. Kopf-Schulter-Top-Formation, Seite 111).

Ein interessantes **Beispiel für eine Chartanalyse** eines Turnaround-Wertes zeigte der Kursverlauf der SAP-Aktie, die bis zum Jahre 1996 – unter häufigen Kursschwankungen einen relativ steilen Anstieg bis auf einen Kurs von rund 300 D-Mark im Oktober 1996 verzeichnete. Darauf folgte ein ebenso steiler Abfall auf etwa 180 D-Mark bis Ende 1996. Im Laufe des Jahreswechsels entwickelte sich eine Bodenbildung mit einer aufsteigenden Dreiecks-Formation, die aber auch als Keil gedeutet werden kann. Der Kurs stieg bis August auf über 450 D-Mark an und fiel anschließend wieder auf fast 400 D-Mark zurück. Eine Trendumkehr nach oben deutete sich mit einem schnellen Wiederanstieg auf 420 D-Mark an. Im Oktober 1997 überstieg der Kurs wieder die Marke von 450 D-Mark (vgl. die folgende Abbildung).

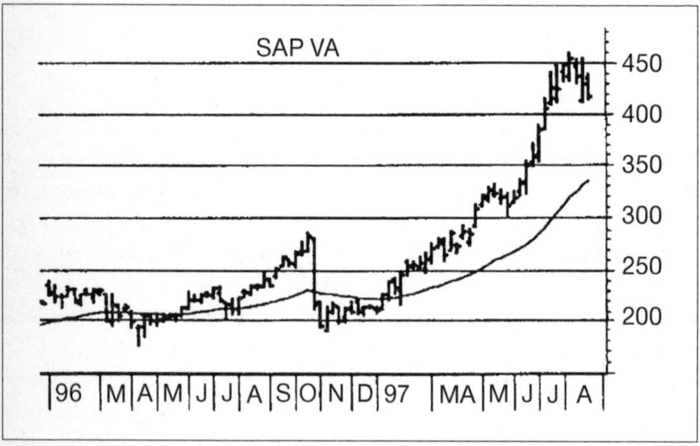

Quelle: *Börsenkompass* September/Oktober, 1997

Diese Formation läßt einen längeren Kursanstieg erwarten, solange günstige fundamentale Unternehmensdaten im Hinblick auf die Bestimmungsfaktoren der Gewinnformel die Börse erreichen und/oder ein teilweises oder vollständiges

Zusammengehen des Unternehmens mit einem potenten in- oder ausländischen Partner zu erwarten ist.

Unter der Annahme, daß in dieser Hinsicht zukünftig positive Informationen erwartet werden können, ist eine Anlage in SAP-Aktien weiterhin als aussichtsreich zu beurteilen.

Das Beispiel zeigt, daß die Chartanalyse für den Anleger ein nützliches Hilfsmittel zur Aktienanalyse und vor allem für das Timing ist.
Das Risiko der Chartanalyse liegt jedoch in der Fehlinterpretation von Formationen und damit in Fehlsignalen für die Anlageentscheidung. Um solche Fehlinterpretationen zu vermeiden, sollte der Anleger Chartanalysen immer mit einer Analyse der fundamentalen betriebs- und volkswirtschaftlichen Einflußgrößen verbinden.

9. Optionen

Statt mit viel und teurem Geld Aktien direkt zu kaufen, zu verkaufen und ins Depot zu nehmen, kann der Anleger auch nur das *Recht zum Kauf oder Verkauf* einer bestimmten Anzahl von Aktien erwerben, ohne dieses Recht ausüben zu müssen.
Optionen werden in zwei Varianten gehandelt:
Optionsgeschäfte und Optionsscheine

a) Optionsgeschäfte

Mit einer Option erwirbt der Anleger das *Recht, innerhalb einer bestimmten Frist* zu einem vereinbarten Preis eine vereinbarte Menge einer bestimmten Aktie zu kaufen (call) oder zu verkaufen (put). Den Preis für die Option entrichtet der Käufer – über seine Bank – an den Verkäufer der Option, Stillhalter genannt, mit Abschluß des Optionsvertrages.

Der Optionsverkäufer behält also in jedem Fall den gezahlten Optionspreis, gleich ob die Option während der Optionsfrist realisiert wird oder verfällt.
Der Anleger kann grundsätzlich zwischen vier Optionsgeschäften wählen:

- Kauf einer Kaufoption (long call)
- Verkauf einer Kaufoption (short call)
- Kauf einer Verkaufsoption (long put)
- Verkauf einer Verkaufsoption (short put)

Der *Käufer einer Kaufoption* erwirbt das Recht, innerhalb der Optionslaufzeit vom Optionsverkäufer jederzeit die Lieferung der vereinbarten Menge einer bestimmten Aktie zum vereinbarten Preis, ungeachtet des Marktkurses zum Zeitpunkt der Optionsausübung, zu fordern – oder aber die Option weiterzuverkaufen oder sie verfallen zu lassen.
Der Käufer einer Kaufoption rechnet für die Optionslaufzeit mit steigenden Aktienkursen seines Papiers. Er erwirbt die Chance, zum gegenwärtigen niedrigen Basispreis ein Wertpapier zu erwerben, das zum Zeitpunkt der Ausübung der Option dann im Kurs gestiegen ist. Mit dem geringen Optionspreis kann er also den gesamten Kursgewinn des Papiers erzielen. Geht seine Spekulation schief, verliert er maximal den Optionspreis.
Der *Verkäufer einer Kaufoption* verpflichtet sich, innerhalb einer bestimmten Optionsfrist dem Käufer jederzeit eine vereinbarte Menge einer bestimmten Aktie zu einem vereinbarten Kurs zu liefern, wenn der Käufer die Kaufoption ausüben will. Der Verkäufer einer Kaufoption rechnet mit fallenden Kursen. Er erhält in jedem Fall den Optionspreis, gleichgültig ob der Käufer der Kaufoption diese ausübt oder nicht. Sein Risiko ist jedoch, daß der Kurs entgegen seiner Erwartung nicht sinkt, sondern steigt. Er muß dann die Aktie zu einem geringeren Kurs, nämlich dem vereinbarten Basispreis, an den Käufer liefern als der gestiegene Kurs dann später ausmacht.

Der *Käufer einer Verkaufsoption* erwirbt das Recht, jederzeit innerhalb der Optionsfrist vom Verkäufer eine vereinbarte Menge einer bestimmten Aktie zu einem vereinbarten Preis zu verkaufen. Der Käufer einer Verkaufsoption rechnet mit fallenden Kursen. Seine Chance ist, daß er bei fallenden Kursen die Aktie zu einem geringeren Kurs beschaffen kann als der Kurs, zu dem er das Recht zu verkaufen, erworben hat. Sein Risiko ist, daß der Kurs gleichbleibt oder steigt. Er hat dann in jedem Fall den Optionspreis verloren.
Der *Verkäufer einer Verkaufsoption* verpflichtet sich, innerhalb der Optionsfrist jederzeit eine vereinbarte Menge einer bestimmten Aktie zu einem vereinbarten Kurs vom Käufer zu kaufen, wenn dieser die Verkaufsoption ausübt. Der Verkäufer einer Verkaufsoption rechnet mit steigenden Kursen. Er gewinnt dann in jedem Fall den Optionspreis, gleich ob die Option ausgeübt wird oder nicht. Sein Risiko ist, daß der Kurs eher gleichbleibt oder sogar fällt. In diesem Fall würde die Option ausgeübt und ihm das Wertpapier zu einem höheren Preis verkauft als der Marktkurs dann ausmacht. Die Differenz wäre sein Verlust, abzüglich des in jedem Fall gewonnenen Optionspreises.
Der Optionspreis wird von Angebot und Nachfrage nach der jeweiligen Option bestimmt. Optionen werden wie Aktien täglich an der Börse gehandelt.
Die Höhe des Optionspreises richtet sich vor allem nach dem Basispreis der betreffenden Aktie, der Laufzeit der Option sowie der Kurserwartung an die betreffende Aktie.
Mit einer Option auf Siemens-Aktien erwirbt der Anleger *beispielsweise* das Recht, jederzeit innerhalb der bestimmten Optionsfrist eine Siemens-Aktie über seine Bank zum Basispreis von 300 DM zu kaufen. Liegt der aktuelle Aktienkurs der Siemens-Aktie nun z. B. um 100 DM höher, nämlich bei 400 DM, wird klar, daß der Wert der Option mindestens 100 DM ohne Aufgeld beträgt, da sie den Anleger ja berechtigt, eine Siemens-Aktie um 100 DM billiger zu kaufen als diese an der Börse gehandelt wird. Damit versteht sich, daß eine

Option bei gleichem Aufgeld um denselben Betrag steigen muß, um den der Kurs der Aktie steigt. Einem Kursanstieg von beispielsweise 20 DM (= 5 %) auf 420 DM bei der Aktie steht dann ein Kursanstieg von 20 DM (= 20 %) bei der Option auf 120 DM gegenüber. Aufgrund des gegenüber einer Aktie geringeren Kapitaleinsatzes bei Optionen ergeben sich somit weit überdurchschnittliche Gewinnchancen – aber auch Verlustrisiken.

b) Optionsscheine (Warrants)

Optionsscheine sind die von Optionsanleihen – einer Kombination von sehr niedrig verzinster Anleihe und zum Ausgleich dafür gesondert *verbrieften* zusätzlichen Optionsrechten für den Kauf einer bestimmten Anzahl Aktien – abgetrennten Optionsrechte. Optionsanleihen werden von Aktiengesellschaften zwecks günstiger Kapitalbeschaffung herausgegeben. Wegen des separat verbriefen Optionsrechts werden die Optionsscheine an der Börse gehandelt. Mit dem Optionsschein verbrieft ist das Optionsverhältnis (die Anzahl beziehbarer Aktien je Optionsschein), die Laufzeit des Optionsrechts (zumeist 5, 10 oder mehr Jahre) und der Bezugspreis für die Aktie (auch Zuzahlung bzw. Optionspreis genannt). Der Optionsscheininhaber hat die Möglichkeit, entweder das Optionsrecht auszuüben oder den Optionsschein vor Ablauf der Laufzeit zu verkaufen.

Laufzeit: Der Zeitpunkt bis zur letzten Ausübung des Optionsrechts. Der Optionsschein kann jeden Tag innerhalb der Laufzeit zum aktuellen Tageskurs (Kurs Options-Schein) verkauft werden. Bezugspreis: Der Bezugspreis gibt an, wieviel die Aktie beim Erwerb über den Optionsschein – also bei Ausübung der Option – kostet. Kurs Optionsschein: Der aktuelle Kurs des Optionsscheins. Aufgeld in %: Verhältnis aus Mehrbetrag beim Bezug der Aktie mit dem Optionsschein zum direkten Kauf der Aktie. Jährliches Aufgeld:

Aufgeld in % dividiert durch die Restlaufzeit des Optionsscheins.

Optionsscheine ermöglichen es dem Anleger, mit geringem Kapitaleinsatz überproportional an der Kursentwicklung einer Aktie teilzuhaben. Für diese überproportionale Kursgewinnchance – die sich durch die Hebelwirkung (leverage) ergibt – muß der Anleger ein entsprechendes Aufgeld zahlen. Das Aufgeld ergibt sich aus der Entwicklung des Verhältnisses von Aktienkurs und Kurs des Optionsscheins.

Beispiel: Es verbriefte ein Allianz-Optionsschein:

- ein Optionsverhältnis von 1 : 1,
- einen Optionspreis von 1840 DM,
- der Kurs des Optionsscheins sei 522 DM,
- der Kurs der Aktie sei 1765 DM,

dann ergibt sich bei Ausübung des Optionsrechts

- ein Preis für den Erwerb der Aktie über den Optionsschein von 2362 DM,
- ein Aufgeld von 597 DM = 33,8 %,
- ein Hebelfaktor (Aktienkurs: Optionsscheinkurs) von 3,38.

Ein Anstieg des Aktienkurses bewirkt dann bei gleichem Aufgeld ein um den Hebelfaktor 3,38 größeren Anstieg des Optionsscheinkurses. Das gilt aber umgekehrt auch für Kursverluste der Aktie. Der Optionsscheininhaber sitzt also an einem sehr ›heißen Hebel‹. Optionsscheine sind, wegen dieser Hebelwirkung, eine ungewöhnlich chancen- aber auch risikoreiche Geldanlage.
Allerdings muß man davon ausgehen, daß mit stark steigenden Aktienkursen das Aufgeld gegen Null sinkt; ebenso, wenn sich die Laufzeit des Optionsscheins ihrem Ende nähert, da zum *Laufzeitende* die Anleger entweder das Optionsrecht noch ausüben, den Optionsschein verkaufen oder sogar, in seltenen Fällen, verfallen lassen.

Die Erfahrung lehrt, daß die allermeisten Anleger vor allem bei Optionen, aber auch bei Optionsscheinen verlieren (80 %); nicht so sehr, weil ihre Spekulation grundsätzlich falsch gewesen wäre, sondern weil sich ihre Kurserwartung nicht innerhalb der – meist zu kurz bemessenen Optionslaufzeit bzw. Optionsfrist bestätigte.
Für den Anleger ist die Beachtung der Entwicklungstendenzen am Optionsmarkt vor allem ein wichtiger Indikator für die Einschätzung der Zukunftserwartungen. Steigende Optionspreise und hohe Aufgelder für Optionsscheine lassen auf ein hohes Kurssteigerungspotential bei einem Aktienwert schließen und umgekehrt. Ein niedriges Aufgeld bedeutet demgegenüber geringen Optimismus gegenüber einem Aktienwert.
Nach der Regel antizyklischen Verhaltens bedeutet ein steigender Optionspreis bzw. ein hohes Aufgeld (etwa über 3 %) für Kaufoptionen daher ein Verkaufs-, ein niedriges Aufgeld von nahezu Null oder gar ein Abgeld ein Kaufsignal für die betreffende Aktie.

3. KAPITEL

Entscheidungshilfen

1. Informationsquellen

Wissen ist Macht. Informiertsein ist alles. Das gilt mehr als anderswo an der Börse und für den Anleger. Für den Börsenerfolg des Anlegers sind gute Informationsverarbeitungsfähigkeiten von entscheidender Bedeutung. Anlageentscheidungen an der Börse sind immer Entscheidungen unter Ungewißheit und mit unvollkommener Information. Dennoch ist das Geschehen an der Börse kein Zufallsspiel wie Roulette oder gar Monopoly, sondern ein sinnvolles Geschehen, das Gesetzen gehorcht. Informationen und ihre Manipulation, Vorenthaltung oder Verfälschung sind überdies Bestandteil des ›Börsenspiels‹.
Hauptziel des Anlegers muß es sein, *vor* möglichst vielen anderen Börsenteilnehmern einen – wenigstens kleinen – Informationsvorsprung zu gewinnen, sei es über spezielle Aktienwerte, die Entwicklung spezieller Branchen, die Konjunktur, die Zinsen o.a. Das bedeutet, daß sich der Anleger permanent aus vielfältigen Quellen informieren muß. Mit der Zeit wird er sich sein eigenes Informations- und Kommunikationsnetz aufbauen. Von Insiderquellen einmal abgesehen, stehen dem Anleger grundsätzlich vier allgemein zugängliche Informationsquellen zur Verfügung:

a) Zeitungsdienste und Börsenzeitschriften

Die für den Anleger zunächst wichtigste Informationsquelle ist die Tages- oder Wochenzeitung mit ausführlichem Wirt-

schaftsteil. So beispielsweise das Handelsblatt oder die Frankfurter Allgemeine Zeitung. Diese Zeitungen veröffentlichen täglich und wöchentlich Börsenberichte, den Kurszettel, mehr oder weniger häufig und ausführlich Berichte über einzelne Aktienwerte bzw. Gesellschaften und Branchen sowie die allgemeine Konjunkturentwicklung oder die Geldpolitik der Bundesbank.
Vielfach veröffentlichen sie auch Charts zu Börsenindizes. Die FAZ veröffentlicht beispielsweise ihren FAZ-Index, das Handelsblatt den DAX-Index. Einige Zeitungen berichten auch über die Börsenumsätze, die je nach Marktbreite einer Aktie für die Kauf- oder Verkaufsentscheidung von großer Bedeutung sein können. *Vor allem* berichten sie über die ›Stimmung‹ in Wirtschaft, Politik und an der Börse. Schließlich berichten die Zeitungen auch über Hauptversammlungen, kommentieren die letzten Berichte der Aktiengesellschaften oder bieten von Zeit zu Zeit Zusammenstellungen und Übersichten ausgewählter Aktienwerte an, mit ihren Kurs-Gewinn-Verhältnissen, Renditen, langfristigen Kursentwicklungen etc.

Die folgende Liste gibt einen Überblick über eine Auswahl einschlägiger Zeitungen und Zeitschriften für Anleger:

Zeitschrift	Anschrift	Erscheinungsweise	Bezugspreise
Börsen-Software	Neue Wirtschafts-presse Medien GmbH Postfach 1865 67508 Worms http:\\www.nwp.de T-Online: *NWP#	Datenbanken-Dienste (z. B. Individual-Profi) Realtime-Dienste (z. B. Deutsche Börse, Xetra, Parkett)	34 DM/Monat 75 DM/Monat
Börse Online	Markt & Technik Verlag Ingolstädter Str. 20 80807 München e-mail: bo.aktuell@t-online.de	wöchentlich	5,90 DM/Heft

Zeitschrift	Anschrift	Erscheinungsweise	Bezugspreise
Börsen-Zeitung	Düsseldorfer Str. 16 63295 Frankfurt	täglich (5x)	153,30 DM/ Monat
Capital	Gruner & Jahr AG & CO Am Baumwall 11 20444 Hamburg http:\\www.business-chanel.de (hier auch Börse Online)	monatlich	9 DM/Heft
DM	Verlagsgruppe Handelsblatt GmbH Kasernenstr. 67 40213 Düsseldorf http:\\www.dm-online.de	monatlich	7 DM/Heft
Effecten-Spiegel	Effecten-Spiegel Verlag Postfach 102243 40013 Düsseldorf	wöchentlich	3,50 DM/Heft
Handelsblatt	Verlag Handelsblatt GmbH Kreuzstr. 21 40000 Düsseldorf	täglich (5x)	2,50/Zeitung
Wertpapier	Wertpapier Verlagsgesellschaft Postfach 140243 40072 Düsseldorf http:\\www.das-wertpapier.de T-Online: *WP#	monatlich (2 x)	6 DM/Heft
Wirtschaftswoche	s. Handelsblatt http:\\www.wiwo-de http:\\www.wirtschaftswoche-de http:\\www wirtschaftswoche-online-de	wöchentlich	5 DM/Heft

Preisangaben ohne Gewähr

b) Börseninformationsdienste

Eine einschlägige Informationsquelle für den Anleger sind die Börseninformationsdienste. Sie erscheinen in der Regel wöchentlich, zweiwöchentlich oder auch monatlich und kosten 30 bis 50 DM durchschnittlich pro Monat. Der Nutzen von Börseninformationsdiensten ist begrenzt. In Zeiten ständig steigender Aktienkurse, wie bspw. in den Jahren von 1982 bis zum ›19. Oktober 1987‹ und danach war es für Börseninformationsdienste leicht, ›heiße Tips‹ anzubieten. Fast jede Empfehlung war in diesen Zeiten richtig. Wenn ein ›Tip‹ nicht erfolgreich war, wird er in den Börseninformationsdiensten einfach nicht mehr erwähnt, während sich der Börseninformationsdienst mit seinen ›erfolgreichen‹ Tips ausführlich brüstet. Dennoch erhalten Börseninformationsdienste vielfach für die Anlageentscheidung nützliche und oft auch schnellere Informationen über die neuesten Umsatz- und Gewinnzahlen von Aktiengesellschaften oder andere wirtschaftlich interessante Nachrichten zur Beurteilung eines Aktienwertes oder einer Branche etc.
Wüßte der Redakteur eines Börseninformationsdienstes eine für die Kursentwicklung einer Aktie besonders bedeutsame Information zutreffend im voraus, würde er dieses Wissen mit Sicherheit für sich behalten und seinen eigenen Nutzen daraus ziehen. Wären die Informationen und Empfehlungen eines Börseninformationsdienstes auch nur oft oder häufig zutreffend, müßten darauf basierende Entscheidungen außerordentlich erfolgreich sein. Die Kunden eines solchen Börseninformationsdienstes müßten fast alle mehrfache Millionäre sein. Dergleichen hätte sich herumgesprochen.
Was man aus Börsendiensten entnehmen kann, ist die *Stimmung in der Wirtschaft und an der Börse,* als einem wichtigen Indikator für den antizyklischen Anleger. Schließlich ist zu bedenken, daß viele Leser der Börsendienste, die deren Empfehlungen beachten, auch damit Kursänderungen be-

wirken können. Dies kann von den Herausgebern natürlich auch gewollt sein.
Die folgende Liste gibt eine Übersicht über die bekanntesten Börseninformationsdienste:

Börsendienst	**Anschrift**	**Bezugspreis**
Frankfurter Tagesdienst	Kurt L. Schmitt GmbH Kasernenstr. 67 40213 Düsseldorf	68,50 DM/Monat
Frankfurter Börsenbriefe	Kurt L. Schmitt GmbH Kasernenstr. 67 40213 Düsseldorf	59 DM/Monat
Finanzwoche	Verlag Dr. Jens Ehrhardt Postfach 710380 81453 München	15,60 DM/Woche
Capital Depesche	Gruner & Jahr Am Baumwall 11 20444 Hamburg	24 DM/Monat
CC-Brief	F. S. Schmidt Vermögensverwaltung und Verlags KG Theodor-Heuss Str. 28 50668 Köln	350 DM/Jahr
Hanseatischer Börsendienst	Hanseatischer Wirtschaftsdienst GmbH Ehestorfer Dorfstr. 6 b 21224 Rosengarten	43 DM/Monat
Börse-Aktuell	Verlag Börse-Aktuell Postfach 100264 73702 Esslingen	24 DM/Monat
Swingtrend	Gamma-Verlag GmbH Postfach 400720 80707 München	24,80 DM/Monat

Börsendienst	Anschrift	Bezugspreis
Die Aktienbörse	Bernecker u. Cie Steinstr. 1–3 40212 Düsseldorf http:\\www.bern-stein.de	57 DM/Monat
Chart-Dienste	Verlag Hoppenstedt u. Co. Havelstr. 9 64259 Darmstadt	40 DM/Monat

Preisangaben ohne Gewähr

c) Institutionelles Berichtswesen

Eine wichtige Informationsquelle für den Anleger sind Informationen und Analysen über die für ihn in Frage kommenden Aktiengesellschaften. Solche Informationen findet man von Fall zu Fall in den Zeitungen und insbesondere den Zeitungsdiensten und Börsenzeitschriften. Weitere Quellen sind von den Gesellschaften selbst herausgegebene Geschäftsberichte, Bilanzen, Gewinn- und Verlustrechnungen, die dort jederzeit kostenlos angefordert werden können. Jährlich aktualisierte Zusammenstellungen von Unternehmensdaten der an deutschen Börsen gehandelten in- und ausländischen Aktien bieten der im Hoppenstedt Verlag, Darmstadt, erscheinende ›Saling-Aktienführer‹, der ›Börsenführer – Stock Guide Germany‹, das ›Handbuch deutscher und internationaler Standardwerte‹ von Klaus F. Bröker, die Loseblattsammlung ›Die Aktienanalyse‹ der Fa. Rentrop, Bonn sowie auch der ›Börsenkompass‹ des Kölner Börsenvereins im Bundesverband der Börsenvereine an deutschen Hochschulen e. V.

Überdies geben die großen Geschäftsbanken Kurzfassungen von Unternehmensanalysen heraus, aus denen sich der Anleger über ihn interessierende Aktiengesellschaften informieren kann.
Besonders interessant sind für den Anleger die von der

Deutschen Bundesbank, Frankfurt/M., herausgegebenen (kostenlos beziehbaren) Berichte, so vor allem die ›Monatsberichte der Deutschen Bundesbank‹. In diesen Berichten finden sich Informationen sowohl über die allgemeine wirtschaftliche Entwicklung, insbesondere über die Entwicklung von Geldmenge und Zinsen, als auch Erläuterungen zur aktuellen Politik der Bundesbank.
Eine andere interessante institutionelle Informationsquelle ist für den Anleger das jährlich im Herbst erscheinende Jahresgutachten des Sachverständigenrats – der sog. ›fünf Weisen‹ –, in dem Situation und Entwicklungsperspektiven von Konjunktur und Weltwirtschaft untersucht werden. Das Sachverständigengutachten ist über den Buchhandel oder die Bundesdruckerei, Bonn, zu beziehen.
Als interessante institutionelle Informationsquellen seien auch die fünf Wirtschaftsforschungsinstitute in der Bundesrepublik erwähnt, wie das

- Deutsche Institut für Wirtschaftsforschung (DIW), Berlin
- HWWA-Institut für Wirtschaftsforschung, Hamburg
- Institut für Weltwirtschaft, Kiel
- Ifo-Institut für Wirtschaftsforschung, München
- Rheinisch-Westfälisches Institut für Wirtschaftsforschung, Essen
- Wirtschaftsforschungsinstitut, Halle

Alle sechs Wirtschaftsforschungsinstitute geben wöchentliche und monatliche Mitteilungen und Berichte über die Entwicklung von Konjunktur und Weltwirtschaft mit Kommentierungen zur aktuellen Wirtschafts- und Geldpolitik heraus. Schließlich sei auf eine für den Anleger allgemein interessante Adresse hingewiesen, die ›Deutsche Schutzvereinigung für Wertpapierbesitz e. V.‹ (DSW), Humboldtstr. 9, 40237 Düsseldorf. Die DSW gibt zweiwöchentlich die Zeitschrift ›Das Wertpapier‹ heraus, berät Anleger in allen Wertpapierfragen und übernimmt ggf. auch juristische Beratung, Vertretung etc.

d) Funk- und Teledienste

Anlegern, die täglich die aktuellsten Informationen über die Kursentwicklung an den Börsen wünschen, bietet die Post unter der Telefon-Nr. 01168 mittags die neuesten Kurse und Börsennachrichten. Weitere tägliche Börseninformationen kann man ab mittags über Radio und Fernsehen empfangen. So beispielsweise:
HR 1 um 12.00 Uhr Nachrichten und Börsentendenzen
Bayern 1 um 13.10 Uhr Markt und Meinung
SWF 1/SR um 14.00 Uhr Nachrichten und Börse
HR 1 um 14.20 Uhr Börseninformationen
WDR 3 um 14.45 Uhr Kurszettel
SWF 3 um 18.00 Uhr Nachrichten und Börse
AFN Frankfurt um 18.10 Uhr und um 24.00 Uhr Wall Street
SAT 1 um 13.00 Uhr Telebörse Düsseldorf
ARD/ZDF um 13.00 Uhr Wirtschaft und Börse
N-TV von 3.00 bis 8.00 Uhr Nachrichten

Es genügt also ein Taschenradio oder ein Taschenfernseher, um an der Börse mittäglich ›dabei und am Ball zu sein‹; denn es gilt vor allem, die Entwicklung der Stimmung, die dominierende Marktmeinung der Börse frühzeitig zu erfahren.

2. Entscheidungstabellen

Die zukünftigen Aktienkurse sind von einer Vielzahl von Einflußfaktoren abhängig. Das Entscheidungsproblem der Bestimmung von Auswahl und Zeitpunkt von Kauf und Verkauf oder Halten oder Warten bestimmter Aktienwerte ist wegen der Vielzahl und Verflochtenheit der betriebs- und volkswirtschaftlichen Einflußfaktoren nur schwer durchschaubar.
Überdies kommen Unwägbarkeiten, wie massenpsychologische Mechanismen der subjektiven Meinungsbildung an der Börse und politische Konstellationen hinzu.

Viele Zusammenhänge darin sind theoretisch wie praktisch noch unverstanden. Trotzdem ist Geldanlage an der Börse kein Glücksspiel. Zwar existiert keine Formel für die Prognose der Aktienkurse an der Börse; doch ist die Kursentwicklung von Aktien nichtsdestotrotz eine Funktion einer ganzen Reihe notwendiger und hinreichender Bedingungen, wie sie in den vorangegangenen Kapiteln beschrieben wurden.
Für die Bewältigung von Entscheidungsproblemen, die aus der Häufung einer Anzahl notwendiger und hinreichender Bedingungen bestehen, bietet die Wirtschaftswissenschaft ein Verfahren an, mit dessen Hilfe sich solche Probleme wenigstens präzise beschreiben und analysieren lassen: Entscheidungstabellen.
Die Entscheidungstabellentechnik fußt auf der schon von den alten griechischen Philosophen, insbesondere in Platos Dialogen entwickelten dialektischen Methode.
Die Verwendung von Entscheidungstabellen als Hilfsmittel der Entscheidungsfindung bietet sich immer bei solchen Entscheidungsproblemen an, bei denen in Abhängigkeit von einer Reihe von Bedingungen verschiedene Handlungen zur Ausführung gelangen sollen. Ein solches Entscheidungsproblem liegt mit dem Anlegerproblem der Bestimmung der Auswahl und des Zeitpunktes für den Kauf, Verkauf oder auch das Halten von Aktienwerten vor; denn diese erfolgen (wie die vorangegangenen Kapitel gezeigt haben) in Abhängigkeit einer Reihe von betriebs- und volkswirtschaftlichen Bedingungen.
Eine Entscheidungstabelle ist eine zusammenfassende Aufstellung einer Anzahl von Bedingungen und Entscheidungen in Form einer Tabelle. Das Zusammentreffen bestimmter Bedingungen führt zu einer Entscheidungsregel, aus der bestimmte Vorgehensweisen bzw. Handlungen folgen.
Das heißt, *wenn* eine bestimmte Kombination von Bedingungen – z.B. bezüglich der Ertrags-, Konjunktur-, Zinsentwicklung etc. – gegeben ist, *dann* führe eine bestimmte Handlung – z.B. Kaufen, Verkaufen o.a. – aus.

Mit anderen Worten: Je mehr Börsenindikatoren sich für eine der Entscheidungen zu kaufen, zu halten, zu verkaufen oder abzuwarten *›häufen‹*, desto wahrscheinlicher ist die entsprechende Anlageentscheidung erfolgreich. Erst die *›Häufung‹ notwendiger Bedingungen in den Börsenindikatoren* sollte die Anlageentscheidung auslösen. Was an *hinreichenden* Bedingungen für den Erfolg einer Anlageentscheidung hinzukommen muß, hängt von der jeweiligen Börsensituation und der Verfassung des Umfeldes ab. Dazu gehören insbesondere politische, soziale, psychologische Faktoren, kurz Ängste, Hoffnungen und Erwartungen.
Entscheidungstabellen stellen den Verknüpfungszusammenhang *beispielsweise* der Kauf-Bedingungen (WENN-Voraussetzungen) und die an diese (nach bestimmten Regeln) gekoppelte Kauf-Entscheidung (DANN-Folge) in Form einer Tabelle auf Seite 139 dar.

In allgemeiner Form dargestellt, hat eine Entscheidungstabelle folgendes Aussehen (die Entscheidungsregeln sind als *ein* Beispiel *frei* gewählt):

Die Zeilenbeschriftungen unter B 1–B 4 etc. ›Bedingungen‹ stellen ›Wenn‹-Fragen dar, die schlichtweg mit ›Ja‹ oder ›Nein‹ zu beantworten sind.
Beim Aufbau einer Entscheidungstabelle muß allerdings darauf geachtet werden, daß die verschiedenen Entscheidungsregeln
a) alle relevanten (WENN-DANN-)Entscheidungssituationen erfassen,
b) sich nicht gegenseitig widersprechen und
c) keine überflüssigen Angaben enthalten.

Entscheidungstabellen ermöglichen zwar nicht die formelhafte Lösung des Anleger-Problems. Aber sie bieten dem Anleger eine Entscheidungshilfe, d. h. ein planmäßiges Suchverfahren, mit Hilfe dessen er sein Problem systematisch-

Entscheidungsregeln	Regel 1	Regel 2	Regel 3	Regel 4	Regel 5
Bedingungen WENN:					
B 1: **Entwicklung der Branche und des Unternehmens** positiv	**Ja**	**Nein**	**Nein**	**Nein**	**Nein**
B 2: **Entwicklung der Konjunktur** positiv	**Ja**	**Ja**	**Nein**	**Nein**	**Nein**
B 3: **Entwicklung der Zinsen** positiv	**Ja**	**Ja**	**Ja**	**Nein**	**Nein**
B 4: **Technische Bewertung & Charts** positiv	**Ja**	**Ja**	**Ja**	**Ja**	**Nein**
Entscheidungen DANN:					
A 1: **Kaufen**	**X**				
A 2: **Halten**		**X**	**X**		
A 3: **Verkaufen**				**X**	
A 4: **Warten**					**X**

Legende: WENN: B 1 bis B 4: Bedingungen (Voraussetzungen)
DANN: A 1 bis A 4: Aktionen (Folgen)

methodisch aufbereiten und eine bestmögliche Entscheidung fällen kann.
Diese Entscheidung wird daher immer so gut sein, wie die mit der Tabelle vorgenommene Beschreibung des Entscheidungsproblems in Form der Analyse der notwendigen und hinreichenden Bedingungen.
Der Vorzug der Anlage einer solchen Entscheidungstabelle liegt nicht zuletzt darin, daß sie den Anleger immer wieder zwingt, die vier großen G, d. h. die Gründe und das Kalkül seiner Anlageentscheidung präzise zu analysieren und *vor sich selbst* rational zu begründen.
Die Entscheidungstabellentechnik ermöglicht überdies auch die Aufbereitung der Entscheidungsprobleme des Anlegers mit Hilfe des Personalcomputers.
Die im folgenden dargestellte verallgemeinerte *Entscheidungstabelle für Aktienanleger* ist *eine Orientierungshilfe* für die Möglichkeit, mit Hilfe dieser Technik das Problem der Entscheidungsfindung bei der Bestimmung der Auswahl und des Zeitpunktes des Kaufs, Verkaufs, Wartens oder Haltens von Aktien einer bestmöglichen Lösung zuzuführen.
Bei der Anwendung der Entscheidungstabelle zur Lösung einer konkreten Anlageentscheidung muß die reale Bedingungskonstellation einer Aktie oder der Börse in der gegebenen konjunkturellen und charttechnischen Situation mit den Entscheidungsbedingungen und -regeln verglichen und auf Übereinstimmung geprüft werden.
Aus dem Vorliegen einer Übereinstimmung folgt in der gegebenen Börsensituation unter den festgelegten Bedingungen die bestmögliche Entscheidung des Anlegers.
Nicht immer wird die Anlage einer solchen Entscheidungstabelle der Komplexität einer realen Börsensituation im vollen Umfang gerecht werden, dennoch hilft die Anlage einer Entscheidungstabelle dem Anleger auch und gerade dann, sich der komplizierten Entscheidungszusammenhänge bewußter zu werden und sein Entscheidungskalkül effektiver durchzurationalisieren.

Beispiel einer ENTSCHEIDUNGSTABELLE FÜR AKTIENANLEGER

Entscheidungsregeln	Regel 1	Regel 2	Regel 3	Regel 4
Bedingungen	**Kaufsignale**	**Haltesignale**	**Verkaufssignale**	**Wartesignale**
Branchenanalyse	expandierender Markt	stabiler Markt	rückläufiger Markt	stagnierender Markt
Unternehmens-analyse	steigende Gewinne wachsende Aufträge steigende Umsätze	stabile Gewinne stabile Aufträge stabile Umsätze	sinkende Gewinne schrumpfende Aufträge sinkende Umsätze	Verluste stagnierende Aufträge stagnierende Umsätze
Technische Analyse	200-/38-Tage Trendanstieg steigende relative Stärke steigendes Kurs-Gewinn-Verhältnis steigendes Momentum	Waschbretttrend stabile relative Stärke stabiles Kurs-Gewinn-Verhältnis stabiles Momentum	200-/38-Tage Trendabstieg fallende relative Stärke fallendes Kurs-Gewinn-Verhältnis fallendes Momentum	Seitwärts-bewegung stagnierende relative Stärke stagnierendes Kurs-Gewinn-Verhältnis stagnierendes Momentum
Konjunkturanalyse	wachsende Auftragsbestände sinkende Inflationsrate	stabile Auftragslage stabile Inflationsrate	sinkende Auftragsbe-stände steigende Inflationsrate	stagnierende Auftragsbestände stagnierende Inflationsrate
Zinsanalyse	sinkende Zinsen steigende Geldmenge	stabile Zinsen stabile Geldmenge	steigende Zinsen sinkende Geldmenge	stagnierende Zinsen stagnierende Geldmenge
Chartanalyse	Bottom-Umkehrformation bzw./oder aufsteigender Trend	Schaukelbörse stabiler Trend	Top-Umkehr-formation bzw./oder fallender Trend	Seitwärts-bewegungen stagnierender Trend
Politikanalyse	Politik: konservativ	Politik: stabil	Politik: instabil	Politik: noch offen

3. Personalcomputer und Internet

Die moderne Datenverarbeitung in Verbindung mit den Techniken der Aktienanalyse legt es nahe, Aktienanalyse und Anlageentscheidungen per Computer zu programmieren. Heute sind bereits eine Vielzahl von Börsenprogrammen für Personalcomputer am Markt, die darum wetteifern, die Analyse und Prognose von Kursentwicklungen anhand fundamentaler, konjunktureller, technischer u. a. Daten per Computer zu berechnen und die Anlageentscheidungen – Kaufen – Halten – Verkaufen – Warten – automatisch durch ein Programm auszulösen. Die Entwicklung von Aktienkursen unterliegt Regeln und Gesetzen, die in gewissen Grenzen per Computer nach Wahrscheinlichkeiten berechenbar und nachvollziehbar sind. Die Prognose durch Computer geht jedoch fehl, wenn eine Mehrzahl der Börsenteilnehmer sich nach den gleichen Computerprogrammen und -regeln in ihren Anlageentscheidungen verhalten. Die Vermutung ist daher, daß sich der Programmhandel an der Börse selbst widerlegt und damit überflüssig macht oder ein Wettrennen um immer ›bessere‹ und neue Börsenprogramme erzeugt.

Für die Aktienauswahl ist der Computer jedoch ein nützliches technisches Hilfsmittel der Analyse fundamentaler Unternehmens- und Branchendaten.
Inzwischen werden eine Vielzahl von Börsenprogrammen angeboten, die dem Anleger gleichsam Gewinne per Knopfdruck versprechen oder bei der Verwaltung des Portefeuilles helfen. Das Angebot reicht von einfachen Rechenprogrammen über Depotverwaltungsprogramme bis zu komplizierten Analyseprogrammen für die professionelle Vermögensverwaltung.
Zum Standard-Output der *Programmbasis* solcher Börsensoftware gehören Berechnungen für Chartanalysen, gleitende Durchschnitte, Momentum, Trendindikatoren, Umsatzkurven, relative Stärke, Kurs-Gewinn-Verhältnis u. a.

Für die laufende Aktualisierung der *Datenbasis* werden monatliche Datendisketten angeboten, die der Anleger per Post über Btx oder Telefon beziehen kann.
Die ›Profis‹ moderner Informationstechnik unter den Anlegern können sich zudem über das Btx-System der Deutschen Bundespost und mit Hilfe ihres Personalcomputers professionelle Börseninformationssysteme zunutze machen. Diese sind allerdings teils nicht billig.

Die weite Verbreitung des Personalcomputers legt es nahe, Aktienauswahl und Anlagetiming mit Unterstützung des Computers vorzunehmen. So werden eine Vielzahl von Börsenprogrammen für Personalcomputer am Markt angeboten, die den Anleger bei der Analyse und Prognose von Kursentwicklungen anhand fundamentaler, konjunktureller, technischer u. a. Daten unterstützen und die Anlageentscheidungen – Kaufen – Halten – Verkaufen – Warten – erleichtern sollen.

Die Entwicklung von Aktienkursen unterliegt Regeln und Gesetzen, die in gewissen Grenzen per Computer nach Wahrscheinlichkeiten berechenbar und nachvollziehbar sind. Die Prognose durch Computer geht jedoch fehl, wenn eine Mehrzahl der Börsenteilnehmer sich in ihren Anlageentscheidungen nach den gleichen Computerprogrammen und -regeln verhält. Die Vermutung liegt deshalb nahe, daß sich der Programmhandel an der Börse selbst widerlegt und damit überflüssig macht oder ein Wettrennen um immer ›bessere‹ und neue Börsenprogramme erzeugt.
Für die Aktienauswahl ist der Computer jedoch ein nützliches technisches Hilfsmittel zur Analyse fundamentaler Unternehmens- und Branchendaten.

Inzwischen werden eine Vielzahl von Börsenprogrammen angeboten, die dem Anleger gleichsam Gewinne per Knopfdruck versprechen oder bei der Verwaltung des Wertpapier-

Portefeuilles helfen. Das Angebot reicht von einfachen Rechenprogrammen über Depotverwaltungsprogramme bis zu komplizierten Analyseprogrammen für die professionelle Vermögensverwaltung. Sie haben so wohlklingende Namen wie Winchart, Market Maker, Top Trader, Stock Master, Compuchart oder sogar Wall Street Prophet.

Zum Standard-Output solcher **Aktien-Analyseprogramme** gehören umfangreiche Berechnungen einer Vielzahl von technischen Indikatoren (und ihren Kombinationen), wie Charts, gleitende Durchschnitte, Momentum, Trendindikatoren, Umsatzkurven, Relative Stärke, Kurs-Gewinn-Verhältnis u. a.
Börsenprogramme geben konkrete Kauf- und Verkaufssignale, teils auf der Grundlage der fundamentalen, aber vor allem der technischen Aktienanalyse, und können die Aktienkurse von Tausenden von Werten automatisch aus Datenbanken oder sogar aus dem Internet – teils per Satellit – übernehmen. Die entsprechenden Programmangebote finden sich in diversen Börsenzeitschriften und Börsenbüchern zu diesem Thema.

Für die laufende Aktualisierung der Aktienkurse werden von verschiedenen Anbietern von ›**Elektronischen Börsen-Informationssystemen**‹ monatliche Datendisketten angeboten, die der Anleger per Post oder telefonisch bestellen kann.

Die ›Profis‹ im Bereich moderner Informationstechnik unter den Anlegern können sich über das BTX-System der Telekom und mit Hilfe ihres Personalcomputers professionelle Börseninformationssysteme zunutze machen. Diese sind allerdings zum Teil nicht billig.
Die aktuellsten allgemein zugänglichen Informationen werden im **Internet** angeboten. Rund ein Drittel der 500 größten Aktiengesellschaften ist inzwischen im Internet vertreten und bietet dort, jederzeit abrufbar, auf den jeweiligen ›Web-

sites‹ aktuelle und oft hoch professionell gestaltete Informationen über das Unternehmen an.
Dabei vermitteln die Unternehmen teilweise tiefe Einblicke in ihre Betriebsstrukturen und ihre Unternehmensphilosophie und präsentieren harte Daten und Fakten über Gewinn-, Absatz- und Kostenentwicklung.

Die Qualität des Informationsangebots ist allerdings noch sehr unterschiedlich. Während etwa BMW Fakten und Daten zum Unternehmen sowie zur Kursentwicklung und detaillierte Geschäftsberichte höchst professionell präsentiert, bieten andere Unternehmen, wie beispielsweise Lufthansa, lediglich inhaltsleere bunte Werbesprüche.
Die Banken informieren dagegen vorbildlich professionell. In ihren Online-Angeboten findet der Anleger nicht nur die wichtigsten Daten über das jeweilige Unternehmen, sondern auch über die wichtigsten Aktiengesellschaften und über den Börsenhandel.
So offeriert bspw. die **Deutsche Bank** ausführliche Daten über eine große Zahl deutscher Aktiengesellschaften unter der Adresse:
http://www.deutsche bank.de/am/produkt/aktienanl.htm

Aktuelle Börsennachrichten, -kurse und -berichte sind überdies dreimal täglich professionell und kostenlos unter der Online-Adresse **http://www.infowelt.net/fw** oder auch über **http://www.fnet.de./hb.** zu erhalten.

Die **Deutsche Börse** hat ihren Informationsservice im Internet um die innovativen Aktienwerte des ›Neuen Marktes‹ erweitert. Seit einiger Zeit sind zusätzlich auch historische Kurse und Umsätze zu den Neue-Markt-Werten im Netz unter **http://www.exchange.de/neuer-markt-d.html** abrufbar. Bei diesem Angebot wird sowohl der Kursverlauf des aktuellen Tages als auch eine 30-Tage- sowie eine 90-Tage-Historie bereitgestellt.

Zu den größten deutschen Börsendiensten im Internet gehört auch Wallsteet-Online der G.I.S. Wirtschaftsdaten GmbH, Düsseldorf mit inzwischen über zwei Mio. Seiten. Die Adresse lautet: **www.wallstreet-online.de**

Natürlich findet der Anleger nirgendwo sonst auf der Erde ein größeres Internet-Angebot an Börsendiensten als in Amerika. Einen der ältesten Börsendienste bietet dort der Stockmaster unter der Adresse: **www.stockmaster.com**
Ein interessantes Angebot offeriert Wall Street Research Net unter der Adresse **www.wsrn.com.** Hier findet der Anleger eine umfassende Suchmaschine für sein Aktienresearch, so zum Auffinden von Statistiken, Charts, News, Dokumenten und Analysen.
Einen vierzehntägigen kostenlosen Börsenbrief per eMail bietet schließlich der StockInvestor unter der Adresse: **www.stockInvestor.com**

Die Zahl der im Internet präsenten Unternehmen und der Umfang der angebotenen Daten und Fakten nimmt jedoch im Zuge der Entwicklung ständig zu. Damit wird die Suche nach den Informationen, die zur möglichst zutreffenden Einschätzung der Bestimmungsfaktoren der Gewinnformel erforderlich sind, für den Anleger immer leichter.

Über eines sollte sich der Anleger jedoch im klaren sein: Beim Ausfindigmachen von Aktien, die eine nachhaltige Wertsteigerung versprechen, können Börsenprogramme und Datenbanken immer nur unterstützend helfen. In der Hauptsache wird der kluge Anleger sich immer noch selbst direkt nach Produkten, Marktstellung, Management sowie der Kostenentwicklung eines Unternehmens und anderen fundamentalen Bestimmungsfaktoren erkundigen müssen, die zur nachhaltigen Wertsteigerung von Aktien beitragen.

Glossar zur Aktienbörse

Abfindungswerte — *Aktien* solcher Unternehmen, die von einer anderen Gesellschaft übernommen werden und für die ein Abfindungsangebot des neuen Großaktionärs an die Aktionäre erwartet wird.

Agio — ›Aufgeld‹, Betrag, um den eine Aktie über dem *Nennwert* steht. Es ist der Prozentsatz, um den eine Aktie mehr kosten würde, wenn man sie zum aktuellen Kurs über ihren *Optionsschein* beziehen würde.

Aktie — Wertpapier; die Aktie verbrieft einen Anteil am Grundkapital einer *Aktiengesellschaft.* Aktien lauten auf einen festen *Nennwert*, der in der Regel 50 Mark beträgt. Der Inhaber einer Aktie hat Anspruch auf *Dividende*, auf Bezug neuer Aktien, wenn das Gesellschaftskapital erhöht wird und hat *Stimmrecht* in der Hauptversammlung. Die üblichste Form ist die Inhaber-Stammaktie, die frei übertragbar ist. Die Namensaktie kann durch Weitergabevermerk auf der Rückseite der Aktie auf einen neuen Inhaber übertragen werden. Bei vinkulierten Namensaktien bedarf eine Eigentumsübertragung der Zustimmung der AG. Vorzugsaktien bieten dem Inhaber eine feste Dividende, aber kein Stimmrecht.

Aktienanalyse — Aufgaben der Aktienanalyse sind Information und Prognose. Unter Technischer Analyse versteht man die statistische und grafische Analyse des kurz-, mittel- oder langfristigen Kursverlaufs einer Aktie oder einer Gruppe von Aktien

(*Chart*-Formationen, *Trends*). Die Fundamentalanalyse recherchiert und analysiert Unternehmensdaten wie Auftragseingang oder Lohnentwicklung sowie volkswirtschaftliche Größen, wie die Entwicklung der Wechselkurse, die sich auf die Beurteilung einer Aktie auswirken.

Aktiengesellschaft Kapitalgesellschaft, deren Kapital durch den Verkauf von *Aktien* an der Börse bzw. bei den Banken aufgebracht wird, (Abkürzung: AG). Die Kapitalbeteiligung ist unpersönlich, der Aktienbesitzer nur beschränkt haftbar. Die AG wird verantwortlich von einem mehrköpfigen *Vorstand* geleitet. Dieser wird von einem *Aufsichtsrat* bestellt, der die Geschäftsführung kontrolliert und sich aus Aktionärs- und Belegschaftsvertretern zusammensetzt.

Aktienindex Der Aktienindex gibt die Veränderung von Durchschnittswerten mehrerer oder aller Kurse eines speziellen bzw. verschiedener Wirtschaftszweige an. Die Meßzahl bezieht sich auf den Stichtag, an dem mit dem Wert 100 begonnen wurde. Der älteste und bedeutendste Aktienindex ist der amerikanische *Dow-Jones-Index* aus dem Jahr 1897. Der wichtigste (und jüngste) deutsche Index ist der *DAX* (Deutscher Aktien-Index).

Aktienkurs Der Preis, zu dem eine Aktie gehandelt wird. Angebot und Nachfrage bestimmen den Kurs.

Aktienpaket Zusammenstellung einer größeren Menge Aktien derselben Gesellschaft. Besitzt man einen größeren Anteil am Grundkapital einer Aktiengesellschaft, also z. B. fünf Prozent, so kann man die Einberufung einer *Hauptversammlung* erzwingen. Mit 25 Prozent aller Aktien einer AG verfügt man über eine Sperrminorität und kann beispielsweise Satzungsänderungen oder *Kapitalerhöhungen* verhindern. Mit 75 Prozent des Aktienkapitals können alle anderen Aktionäre überstimmt werden.

Aktionär — Eigentümer von Aktien einer Aktiengesellschaft.

Anleihe — Festverzinsliches *Wertpapier* mit Forderungsrecht. Diese *Schuldverschreibungen* mit vereinbarter Laufzeit dienen Bund, Land oder Stadt, Bahn oder Post dazu, sich über Banken und Börse längerfristige Finanzierungsmittel zu beschaffen. Auch Institutionen wie die EU, die Weltbank oder andere Staaten dürfen in der Bundesrepublik ›Auslandsanleihen‹ auflegen.

Anrechnungsverfahren — Das mit der Körperschaftsteuerreform (in Kraft seit 1. Januar 1977) begründete Recht des Aktionärs, die auf seine *Dividende* entfallende Körperschaftsteuer in Höhe von 9/16 der Dividende auf seine Einkommensteuerschuld anzurechnen. Ist er nicht einkommensteuerpflichtig, wird ihm die Körperschaftsteuer ganz oder teilweise erstattet.

Arbitrage — Durch den Zeitunterschied zwischen den internationalen Börsenstädten kommt es bei Aktien von Weltunternehmen häufig zu verschiedenen Kursen zur gleichen Zeit. Das Ausnutzen dieser Differenz durch professionelle Börsenhändler bezeichnet man als Arbitrage, die Händler als Arbitrageure.

Aufgeld — Prozentsatz, um den eine Aktie mehr kosten würde, wenn man sie zum aktuellen Kurs über ihren *Optionsschein* beziehen würde.

Aufsichtsrat — Vertretungs- und Überwachungsorgan der Aktionäre einer *Aktiengesellschaft* gegenüber der Geschäftsführung (*Vorstand*).

Average casting — Nachkaufen von Aktien o. a. bei fallenden Kursen, um den durchschnittlichen Einstiegspreis zu senken.

Bär — Besonders an angelsächsischen Börsen nennt man denjenigen ›bearish‹ (von ›bear‹; deutsch: Bär), der eine *Baisse* erwartet und auf fallende Kurse spekuliert. Der ›Bär‹-Händler verkauft ein *Wertpapier*, das er erst zu einem viel späteren Termin gegen Bargeld zu liefern hat. Er spekuliert darauf, daß die Kurse vor der Lieferung der georderten *Wertpapiere* fallen werden, er sie also billiger einkaufen kann. Sein Gewinn und sein Risiko liegen zwischen dem höheren Verkaufspreis und einem billigeren Einkaufspreis (vgl. auch ›Bulle‹). Bear market: Markt fallender Kurse.

Baisse — Zeitraum, in dem die Aktienkurse stark und anhaltend fallen. Wertpapierbesitzer, die mit fallenden Kursen rechnen und deswegen mit Terminangabe verkaufen, nennt man Baissiers (vgl. auch *Hausse*).

Belegschaftsaktie — Große Aktiengesellschaften wie VW geben ihren Mitarbeitern Gelegenheit, Aktien der eigenen Firma zu günstigen Kursen zu erwerben. Der Staat unterstützt diese Praxis durch steuerliche Vergünstigungen. Damit wird die Vermögensbildung in Arbeitnehmerhand gefördert.

Berichtigungsaktie — Papier, das dem Aktionär gratis zugeteilt wird, um entstandene Verluste oder zu erwartende Gewinne auszugleichen.

›bestens‹ — Mit dieser Angabe erteilt man der Bank oder dem Börsenmakler den Auftrag, an einem bestimmten Tag Wertpapiere zum günstigst möglichen Kurs zu verkaufen.

Betafaktor — Die Sensitivität der Kursreaktion einer Aktie auf Schwankungen des Gesamtmarktes: Ein Betafaktor von 1,3 besagt, daß eine Aktie 1,3mal stärker steigt oder fällt als der Durchschnitt des Gesamtmarktes.

Bezugsrecht — Vorkaufsrecht der Altaktionäre auf vorrangigen Erwerb neuer Aktien einer Gesellschaft.

Bilanz — Gegenüberstellung von Aktiva und Passiva, also ›Soll‹ und ›Haben‹ zum Ende des Geschäftsjahres; zeigt den Vermögensstatus einer Gesellschaft an.

›Billigst‹ — Mit dieser Angabe erteilt man der Bank oder dem Börsenmakler den Auftrag, an einem bestimmten Tag Wertpapiere zum günstigsten verfügbaren Kurs zu kaufen.

Blue chips — Aktien besonders angesehener Gesellschaften wie IBM, Siemens oder Daimler.

Börse — Die Börse ist der Markt, auf dem Angebot und Nachfrage nach Wertpapieren aufeinandertreffen. An den deutschen Wertpapierbörsen gibt es drei Teilmärkte, auch Marktsegmente genannt.

1. Der amtliche Handel
Dieser Markt stellt die höchsten Anforderungen an kapitalsuchende Unternehmen.

2. Der Freiverkehr
Hier werden solche Wertpapiere gehandelt, die weder zur amtlichen Notierung noch zum geregelten Markt zugelassen sind.

3. Der geregelte Markt
Der neugeschaffene geregelte Markt bietet gegenüber dem amtlichen Handel den Unternehmen einen erleichterten Zugang zum Börsenhandel.

Börsen-umsatzsteuer — Bis 1991 in Deutschland erhobene Steuer; bei jedem Kauf oder Verkauf einer Aktie war eine sog. Kapitalverkehrssteuer zu zahlen. Sie betrug 0,25 Prozent des jeweiligen Kurswerts.

Bogen — Dem Wertpapier beigefügtes Blatt: er ist in Abschnitte wie *Kupons* oder Dividendenscheine unterteilt, die bei Bedarf abgetrennt werden.

Bonifikation — Entgelt, das Emittenten bzw. AG an Banken für den Verkauf von *Wertpapieren* aller Art bezahlt.

Bonität — Der gute Ruf, das Image einer Firma bzw. einer Person, vor allem in bezug auf die Zahlungsfähigkeit.

Bonus — Zusätzliche Ausschüttung eines Gesellschaftsgewinns an die Aktionäre.

Boom — Allgemeine Hochkonjunktur.

Branchenfonds — Ein spezialisierter *Investmentfonds* mit erhöhtem Risiko, der sein Anlagekapital nicht breit am ganzen Markt streut, sondern sich nur in einer einzigen Branche finanziell engagiert.

Briefkurs — Bei einem bestimmten Kurs lagen noch Verkaufsangebote vor, es gab aber keinen Käufer mehr an diesem Tag.

Broker — Wertpapier*makler* in Großbritannien und den USA.

Brutto-sozialprodukt — Wert aller Güter und Dienstleistungen, die in einem Staat in einem Jahr erwirtschaftet werden.

Bulle — Aus dem Englischen ›bull‹ (deutsch: Bulle): bezeichnet in der Börsensprache den Haussier, der auf steigende Kurse spekuliert. Die entsprechende Börsenstimmung wird als ›bullish‹ bezeichnet. Der Bulle ist das Gegenteil des ›Bärs‹. Bull market: Markt steigender Kurse.

Buy-out — Panikartige Käufe von Aktien im Endstadium einer Hausse, ehe die Aktien wieder fallen und die Baisse beginnt.

Call — Amerikanische Kaufoption.

Cash-flow — Kennzahl der Ertrags- und Finanzkraft eines Unternehmens; bezeichnet den Zufluß an liquiden Mitteln eines Unternehmens aus dem jährlichen Umsatzprozeß, d. h. den Bilanzgewinn zzgl. der Abschreibungen.

Chart — Aktienkursgrafik. Man unterscheidet Bar-Charts, Linien-Charts (jeweils mit Zeitachse) und Point & Figure-Charts (ohne Zeitachse, Darstellung nur der wesentlichen *Trend*änderungen).

Commerzbank-Index — Einer der gebräuchlichsten deutschen Indizes (siehe *Index*).

Cost averaging — Nachkaufen von Aktien o. a. Wertpapieren bei fallenden Kursen, um den durchschnittlichen Einstandspreis zu senken.

DAX — Deutscher Aktien-Index.

Depot — Einrichtung der Kreditinstitute zur Verwaltung von *Wertpapieren* für ihre Kunden. Wertpapiere können für jeden Kunden gesondert in einem Streifband (*Streifbanddepot*) oder mit Zustimmung des Kunden auch bei einer Wertpapiersammelbank (Girosammeldepotkonto) verwahrt werden. Letzteres ist die übliche und kostengünstigere Form. In beiden Fällen werden die Kundendepots von den Eigenbeständen der Bank getrennt gehalten und unterliegen nicht dem Zugriff der Gläubiger der Bank.

Depression Hohe Arbeitslosigkeit, ein Schrumpfen des Welthandels und soziale Unruhen kennzeichnen eine Depression. Große Unternehmen melden Konkurs an, die Inflation ist nicht mehr kontrollierbar, an der Börse kommt es kurz zum Crash.

Devisenhandel Handel mit ausländischen Zahlungsmitteln (Devisen) in Form von Schecks, Wechseln oder Bankguthaben an einer speziellen Devisenbörse. Auch der Tourist tauscht für seinen Urlaub Devisen ein. In der Bundesrepublik kann jede ausländische Währung ohne Beschränkung der Menge gehandelt werden (›freie Konvertibilität‹).

Disagio Im Gegensatz zum *Agio* ist dies der Abschlag, also der Unterschied zwischen Rückzahlungskurs und dem darunterliegenden Ausgabekurs eines *Wertpapiers*. Da der Zins bei festverzinslichen Wertpapieren immer auf der Basis der Nominalschuld berechnet wird, erhöht sich bei einem Disagio automatisch die effektive Verzinsung.

Diskont Zinsabzug für die Zeitspanne zwischen Kauf und Fälligkeit von Wechseln.

Diskontgeschäft Kauf von noch nicht fälligen Wechseln, unter Abzug von Zinsen.

Diskontpolitik Handhabung des Diskontsatzes durch die Bundesbank.

Diskontsatz Zinssatz der Bundesbank für Wechselkredite an Geschäftsbanken.

Diversifikation Ausweitung des Produktions- oder Serviceumfangs; dient u. a. der Absicherung eines Unternehmens gegen Risiken durch zu enge Produktmärkte. An der Börse diversifiziert man seine Geldanlage, indem man das Kapital auf verschiedene Anlageformen und Industriezweige streut.

Dividende Anteilige Gewinnausschüttung der Aktiengesellschaft an die Aktionäre je Aktie.

Dow-Jones-Index Wichtigster Aktienindex; zeigt den Durchschnittswert von 30 repräsentativen Industriewerten der New Yorker Börse an (in den USA daher ›Dow Jones Industrials‹ genannt) und wird täglich vom *Wall Street Journal* ermittelt. Im Zuge der durch den Schwarzen Freitag (24. 10. 1929) ausgelösten Weltwirtschaftskrise fiel der Dow-Jones-Index unter 200 Punkte; Anfang 1980 hatte er 820 Punkte erreicht. Kurz vor dem Schwarzen Montag des Jahres 1987 zeigte der Dow-Jones-Index fast 2500 Punkte an, um an diesem Tag auf 1738 Punkte zu fallen.

Eckzins Zinssatz für Spareinlagen mit gesetzlicher Kündigungsfrist; besitzt eine Leitfunktion für die Zinssätze aller anderen Spareinlagen.

Effekten Veralteter Ausdruck für die an den Börsen handelbaren *Wertpapiere* wie Aktien, Obligationen oder Pfandbriefe. Gebräuchlich ist der Ausdruck ›Effektenbörse‹, der die Wertpapierbörse im Unterschied zur Waren- oder Devisenbörse bezeichnet.

Einheitskurs Bei geringem Umsatz eines Wertpapiers wird während der Börsensitzung eines Tages nur ein einziger fester Kurs bestimmt.

Emission Ausgabe von *Wertpapieren* aller Art. So gibt es bei Umwandlung einer Firma in eine *Aktienge-*

sellschaft die Möglichkeit, daß die Hausbank der neuen AG zu einem bestimmten Kurs die Gesamtzahl der Aktien übernimmt und diese dann den Bankkunden zu einem darüberliegenden Kurs (dem Emissionskurs) anbietet.

Entlastung — Nach dem Aktiengesetz muß die *Hauptversammlung* der Aktionäre eines Unternehmens jährlich den *Vorstand* und die Mitglieder des *Aufsichtsrats* ›entlasten‹, d. h., sie muß den AG-Managern nach Überprüfung ihrer Aktivitäten im zurückliegenden Geschäftsjahr grünes Licht für die weitere Arbeit geben.

Ertragswert — Erfolgs-, Bar- oder Gegenwartswert einer Anlage; ergibt sich aus den laufenden jährlichen Erträgen bezogen auf einen Kapitalisierungszinssatz (z. B. den aktuellen Marktzins):

$$\text{Ertragswert} = \frac{\text{Erträge} \times 100}{\text{Zinssatz}}$$

Euro — Gemeinsame Währung der EU ab 1999 im Giro- und ab 2002 im Bargeldverkehr (voraussichtlich).

Euro-Geldmarkt — Markt, auf dem sich die europäischen Banken gegenseitig kurzfristig Geld leihen, mit unterschiedlichen Zinssätzen für verschiedene Währungen.

Familiengesellschaft — Besondere Form einer *Aktiengesellschaft,* bei der die Gesellschafter miteinander verwandt sind (Bsp.: Nixdorf). Eine Familiengesellschaft muß eine weniger ausführliche Jahresbilanz veröffentlichen, als eine anonyme Aktiengesellschaft. Meist sind bei der Familien-AG auch keine Aktien an der Börse zugelassen bzw. solche nicht in Umlauf gebracht worden.

FED — Abkürzung für ›Federal Reserve Bank‹, die Zentralbank der USA, bzw. für deren Führungsgremium, das Board of Governors.

Fortlaufende Notierungen — Ständig erneuerte Kursbildung nach dem Verlauf von Angebot und Nachfrage.

Gebot — Ein von einem *Makler* mündlich im Börsensaal abgegebenes Preisangebot, das sofort angenommen oder abgelehnt werden muß.

Geldmarkt — Markt, auf dem sich die Banken kurzfristig Geld leihen (die Fristen betragen i. d. R. 1 Tag, 3 Monate, 6 Monate oder 1 Jahr).

Gemischte Fonds — Von Investmentgesellschaften geführte Fonds, die sowohl festverzinsliche Wertpapiere als auch Aktien enthalten.

Genußschein — Gläubigerpapier mit besonderen Nebenrechten, aber ohne Nennwert. Der Inhaber von Genußscheinen besitzt weder Anteile am Grundkapital der betreffenden Aktiengesellschaft, noch darf er auf deren *Hauptversammlung* ein *Stimmrecht* ausüben.

Geschäftsbericht — Jährlicher Rechenschaftsbericht einer *Aktiengesellschaft* über den Geschäftsverlauf und die Lage der Gesellschaft. Im Geschäftsbericht wird der Jahresabschluß abgedruckt und erläutert.

Gewinnmitnahme (Glattstellen) — Glaubt man, daß nach Kurssteigerungen der Wert der Aktien wieder fallen wird, verkauft man seine Wertpapiere und nimmt so den Gewinn mit.

Gratisaktien — Neben einer *Dividende* von der Aktiengesellschaft an die Aktionäre anteilig ausgegebene junge Aktien.

Grundkapital — Das Eigenkapital einer *Aktiengesellschaft*, das durch Ausgabe von *Aktien* aufgebracht wird.

Handelsbilanz — Statistische Erfassung der wertmäßigen Im- und Exporte eines Landes an Waren und Dienstleistungen. Der Saldo, in der Bundesrepublik regelmäßig ein Exportüberschuß, heißt (positiver) Außenbeitrag.

Hauptversammlung — Einmal jährlich versammeln sich die *Aktionäre* einer *Aktiengesellschaft* zur Hauptversammlung. Diese wählt den *Aufsichtsrat* und den Abschlußprüfer, faßt Beschlüsse über die Verwendung des ausgewiesenen Jahresgewinns, über Maßnahmen zur Kapitalbeschaffung, über Satzungsänderungen sowie über andere grundsätzliche Fragen. Nur die Hauptversammlung kann den Aufsichtsrat und den *Vorstand* entlasten.

Hausse — Allgemeiner starker Anstieg der Aktienkurse an der Börse.

Index — Gleitender, meist grafisch dargestellter Durchschnittswert eines ausgewählten Korbs von repräsentativen Aktien eines Landes oder einer Branche. In der Bundesrepublik sind neben dem *DAX* auch der Commerzbank-Index, der FAZ-Index, der SZ-Index und der VWD-Index gebräuchlich, in der Schweiz die Indizes des Bankvereins und der Kreditanstalt, in den USA der Dow-Jones-Index sowie Standard & Poor's 500.

Inflation — Mehr oder weniger starker Anstieg des Preisniveaus einer Volkswirtschaft. Hauptindikator für die Inflationsrate ist der vom Statistischen Bundesamt veröffentlichte ›Preisindex für die private Lebenshaltung‹.

Inhaberpapiere — Übliche Form des *Wertpapiers*, ohne namentliche Nennung des Eigentümers frei, übertragbar (siehe *Aktie*).

Innerer Wert ›Eigentlicher‹ Wert einer Aktie (I), definiert als *Ertragswert* durch Kapitalisierung der zukünftig erwarteten Erträge bzw. Gewinne eines Unternehmens oder als *Substanzwert* durch Bilanzierung des Nettovermögens (N) zzgl. der stillen Reserven (R), geteilt durch die Anzahl der herausgegebenen Aktien (A):

$$I = \frac{N + R}{A}$$

Insider Bezeichnung für Personen, die aufgrund ihrer beruflichen Stellung über einen Informationsvorsprung verfügen. Die Ausnutzung dieses Vorsprungs zum eigenen Vorteil bei Wertpapiergeschäften wird durch die ›Insider-Richtlinien‹ der Börsen verboten.

Institutionelle Anleger Kapitalsammelstellen wie Versicherungen, Investmentfonds, Pensionsfonds und Banken.

Investmentfonds Anlagegesellschaft, die an ein breit gestreutes Publikum Anteilscheine ausgibt und für den Gegenwert ausgewählte *Wertpapiere* erwirbt; je nach Fondstyp sind dies festverzinsliche Wertpapiere oder Aktien in breiter Streuung, daneben gibt es auch Mischfonds. Ein Teil der Fondvermögen besteht aus Bankguthaben (Liquidität). Man hat dem kleinen Sparer diese Anlageform sehr empfohlen, damit er sich nicht selbst um das vermeintlich schwierige Aktiengeschäft kümmern muß. Die Erfolge der Investmentfonds an der Börse waren im Durchschnitt der letzten 15 Jahre nicht so überragend, daß diese Anlageform guten Gewissens weiterempfohlen werden könnte. Für den Kleinsparer, dem das nötige Kapital zum Streuen fehlt, sind Investmentfonds jedoch eine interessante Sparform.

Investmentzertifikat — Anteilschein, der Beteiligung am Vermögen eines *Investmentfonds* verbrieft.

Jahresabschluß — Der Jahresabschluß eines Unternehmens umfaßt die Bilanz sowie die Gewinn- und Verlustrechnung. Bei einer Aktiengesellschaft wird er vom *Vorstand* aufgestellt, durch einen staatlich vereidigten Wirtschaftsprüfer auf seine Ordnungsmäßigkeit geprüft und durch den *Aufsichtsrat* überprüft.

Kapitalerhöhung — Ausgabe neuer (junger) *Aktien* durch eine *Aktiengesellschaft*; zunächst zu Vorzugsbedingungen an die Alt-Aktionäre.

Kapitalertragsteuer — Steuer auf Gewinnanteile oder Dividendenzahlungen, die von den Unternehmen direkt an die Finanzämter abgeführt werden. Sie ist eine Einkommensteuer, die auf die allgemeine Steuerschuld eines Aktionärs verrechnet wird.

Kapitalgesellschaft — Eine beschränkt haftende Gesellschaft. Alle Gesellschafter zusammen haften nur mit dem von ihnen eingezahlten Grundkapital.

Kapitalherabsetzung — Eine Verminderung des Grundkapitals durch Herabsetzung des Nennbetrages der Aktien oder durch Zusammenlegung der Aktien. Der Grund liegt meist in Kapitalverlusten. Ganz selten dient eine Kapitalherabsetzung auch der Auszahlung von Anteilseignern. Einen entsprechenden Beschluß müssen 75 Prozent des in der *Hauptversammlung* vertretenen Aktienkapitals zustimmen.

Kapitalmarkt — Bezeichnung für die Börse; für den Handel mit fungiblen (vertretbaren, beweglichen) *Wertpapie-*

ren auf einem organisierten Markt. Der Verkauf von Aktien bzw. von festverzinslichen Wertpapieren unterliegt dabei einem Kursrisiko.

Kapitalmarktzins Marktüblicher Zins für die Überlassung von Kapital.

Kapitalverkehrssteuer Steuer auf den Umsatz von Kapitalwerten; dazu gehören die Gesellschaftssteuer und die *Börsenumsatzsteuer.*

Kassageschäfte Geschäfte mit Aktien, Devisen etc., die sofort oder innerhalb von zwei Börsentagen zu erfüllen sind, im Gegensatz zum *Terminhandel.*

Kassakurs Durchschnittlicher Tages- bzw. Einheitskurs, zu dem kleinere (bis 50 Stück) oder dafür bestimmte Geschäfte abgewickelt werden. Der Kassa- oder Einheitskurs wird gegen Ende der zweiten Börsenstunde errechnet.

Kaufkraft Gibt an, wieviel Güter oder Dienstleistungen man für eine Währung in einem Land erwerben kann.

Kaufoption Anrecht, eine bestimmte *Aktie* zu einem festgelegten Kurs innerhalb einer bestimmten Laufzeit zu kaufen.

Konjunktur Schwankungen der gesamtwirtschaftlichen Nachfrage im Auslastungsgrad des gesamtwirtschaftlichen Angebots.

Kulisse Berufsmäßiger Wertpapierhandel der *Makler* und Kreditinstitute, wenn diese für eigene Rechnung am Börsengeschehen teilnehmen.

Kupon Zinsschein, Abschnitt. Einer Original-Aktie bzw. dem Original-Wertpapier haftet immer ein Zinsschein an. Werden die Zinsen fällig, schneidet man mit der ›Kupon-Schere‹ diese Scheine ab und löst sie ein.

Kurs-Gewinn-Verhältnis Aktienkurs einer Gesellschaft im Verhältnis zum Gewinn pro Aktie.

Kurswert Aktuelle Bewertung eines Wertpapier-Portefeuilles durch die Börse. Produkt aus Menge × Preis = Anzahl der Aktien × festgesetztem Kurs.

Kurszettel/-blatt Jede der acht deutschen Börsen gibt an jedem Börsentag ein amtliches Organ heraus: das Kursblatt. Kurszettel werden auch die Wirtschaftsteile der Tageszeitungen genannt, die die aktuellen Aktienkurse veröffentlichen.

Leerverkauf Verkauf von Aktien, ohne diese zu besitzen, mit der Verpflichtung, die verkaufte Aktienmenge innerhalb einer bestimmten Frist gegenzukaufen. In Deutschland nicht erlaubt.

Leitzinsen Diskont-, Pensions- und Lombardsatz.

Leveraged Buy-Out Kreditfinanzierter gezielter Aufkauf der Aktienmehrheit eines Unternehmens durch eine kleine Gruppe von Investoren, wobei die Kreditschulden aus den Erlösen des Unternehmens bzw. durch den (Teil-)Verkauf dessen Vermögens getilgt werden.

Limitieren Festsetzen einer Preisgrenze beim Kauf- oder Verkaufsauftrag für Wertpapiere.

Lombardsatz Zinssatz, zu dem sich die Banken bei der Zentralbank gegen Verpfändung von Wertpapieren Geld leihen können. Wie der *Diskontsatz* ein vielbeachteter Leitzins.

Long — Normaler Aktienkauf bzw. -bestand. Zum Gegensatz siehe *Short*.

Lustlos — Bezeichnung für einen Börsentag mit Seitwärtstrend und niedrigen Aktienumsätzen.

Makler — An der Börse zugelassener Wertpapierhändler; vermittelt die Geschäfte und erhält dafür die ›Maklergebühr‹ oder auch ›Courtage‹.

Mantel — Teil einer *Aktie*; Urkunde, die das eigentliche Anteilsrecht verbrieft.

Marge — Differenz zwischen Soll- und Habenzinsen, auch der Unterschied zwischen Wertpapierkursen an verschiedenen Börsen. Besonders beim Waren*terminhandel* ist die Marge schließlich die Summe, die man als Sicherheit für den Handel hinterlegen muß.

Minderheitsrechte — Auch Minoritätsrechte genannt. Damit die kleinen Aktionäre vor Schädigung durch Großaktionäre geschützt sind, haben sie Minimalrechte. Sie können auf relativ einfachem Weg (ab 25 Prozent des Aktienkapitals) eine *Hauptversammlung* einberufen, nähere Auskünfte vom *Vorstand* bzw. *Aufsichtsrat* verlangen sowie Gegenanträge und Sonderprüfungen beantragen.

Mindestreserven — Die Banken sind verpflichtet, einen Mindestbetrag ihrer Kundeneinlagen bei der Zentralbank zu hinterlegen. Die Höhe der Mindestreserven ist veränderlich und wird von der Zentralbank festgelegt, die auf diese Weise die Kreditvergabemöglichkeiten der Banken je nach Bedarf verknappen oder erhöhen kann.

Nennwert — Jede Aktie weist einen bestimmten Betrag in D-Mark aus: den Nennwert. Er gibt an, mit welchem Anteil der Aktionär am Grundkapital und damit am gesamten Vermögen seiner Aktiengesellschaft beteiligt ist. Der niedrigste Nennwert einer Aktie beträgt nach dem Aktiengesetz 5 D-Mark; alle höheren Nennwerte lauten auf 50 D-Mark oder ein Vielfaches davon, also 100, 200, 500, 1000 D-Mark usw.

Neuemission — Ausgabe neuer Aktien durch neugegründete Aktiengesellschaften.

Nikkei-Dow-Jones-Index — Meistbeachteter Aktienindex Japans, der aber irreführend ist, weil er die bekannten exportorientierten japanischen Unternehmen nur unterdurchschnittlich berücksichtigt. Die scharfen Kursrückgänge 1981/82 und Mitte 1984 werden in ihm nicht sichtbar.

Notierung — Feststellung und Bekanntgabe (›Notiz‹) der amtlichen Börsenkurse.

Odd lot — An der *Wall Street* Aktienmenge von weniger als 100 Stück (round lot). Odd lots werden von Kleinanlegern gekauft.

Öffentliche Anleihen — Kassenobligationen, Schatzanweisungen oder Schuldverschreibungen der Bundesregierung, Bundespost, Bundesbahn, der Länder oder Gemeinden. Relativ sichere Anlage.

Offenmarktpolitik — Indirekte Eingriffe der Zentralbank in den Geldmarkt durch Kauf oder Verkauf von Wechseln und Wertpapieren. Direkte Eingriffe werden über *Diskontsatz, Pensionssatz, Lombardsatz und Mindestreserven* sowie *Rediskontkontingente* vorgenommen.

Option — Das Recht, gegen Zahlung einer Prämie innerhalb einer vereinbarten Frist *Wertpapiere* (Aktien oder Renten) zu einem im voraus bestimmten Kurs zu kaufen oder zu verkaufen.

Optionsanleihe — Anleihe, die außer der Verpflichtung zur Zinszahlung und Rückzahlung auch ein gesondertes Optionsrecht auf Aktien der Gesellschaft, d. h. das Recht zur Ausübung einer Kauf- oder Verkaufsoption im Optionsgeschäft, beinhaltet.
Das Optionsrecht ist getrennt von der Anleihe handelbar.

Optionsschein — Optionsscheine werden von Unternehmen zusammen mit einer ›Optionsanleihe‹ ausgegeben und können getrennt von dieser Anleihe gehandelt werden. Im Unterschied zu Kauf- und Verkaufsoptionen beinhalten die Optionsscheine das Recht, auf mehrere Jahre hinaus zu einem bestimmten Kurs Aktien eines Unternehmens zu erwerben. Siehe auch *Aufgeld.*

Pari — Wenn der Kurswert mit dem Nennwert eines Wertpapiers identisch ist, so spricht man von ›pari‹ oder vom ›Parikurs‹.

Pensionsgeschäft — Inhaber größerer Aktienpakete manipulieren ihren steuerlichen Gewinn, indem sie ihr Paket besonders zur Jahresabschlußbilanz ›in Pension geben‹, d. h. es meist ihrer Hausbank für eine bestimmte Zeit mit Rückgabeverpflichtung übertragen.

Plazierung — Verkauf und Einführung neuer Wertpapiere am Markt.

Portefeuille — Bezeichnung für das Anlagedepot oder den Wertpapierbestand eines Anlegers, einer Bank oder eines Investmentfonds; auch ›Portfolio‹ genannt.

Prime Rate — Leitzins in den USA, der erstklassigen Schuldnern durch die Geschäftsbanken gewährt wird.

Produktivität (Arbeitsproduktivität) — Wirtschaftliche Leistung eines Unternehmens (Summe aller erzeugten Güter und Dienstleistungen) geteilt durch die Zahl der Arbeitskräfte.

Prospekt — In einem Prospekt sind alle wesentlichen Daten einer Aktie angegeben, wie Nennbetrag, Stückelung, Vorzugsrechte oder Beleihungsbedingungen.

Provision — Die Bank kann eine Gebühr für das auszuführende Anlagegeschäft fordern, die neben der Maklergebühr und der *Börsenumsatzsteuer* zu zahlen ist. Normalerweise beträgt diese Provision ca. ein Prozent bei Kauf und Verkauf von Aktien sowie 0,5 Prozent bei festverzinslichen Wertpapieren, jeweils auf den Kurswert berechnet. Anlagegeschäfte an ausländischen Börsen sind mit einer eine höheren Provision belastet.

Prozentkurs — An deutschen Börsen übliche Notierung des Kurses eines festverzinslichen Wertpapieres, berechnet in Prozent des Nennwertes. Bei Aktien hingegen gilt die sogenannte Stücknotierung.

Prüfungsbericht — Dieser Bericht wird von vereidigten Wirtschaftsprüfern zum Jahresabschluß einer Aktiengesellschaft erstellt und ist zu veröffentlichen, nachdem er dem *Vorstand* bzw. dem *Aufsichtsrat* vorgelegt wurde.

Publikumsgesellschaft — Aktiengesellschaft, die ihre Aktien breit gestreut hat, die also im Besitz von sehr vielen Aktionären ist. In der Bundesrepublik gibt es rund sieben Millionen Kleinaktionäre.

Publizitätspflicht Aktiengesellschaften mit mindestens 5000 Beschäftigten und/oder 250 Millionen D-Mark Umsatz müssen ihre Jahresbilanz in den einschlägigen Wirtschaftsblättern veröffentlichen, damit der Aktionär schnell und einfach einen kontrollierten Zugang zu den wirtschaftlichen Vorgängen der Gesellschaft erhält.

Put Amerikanische Verkaufsoption.

Quellensteuer Steuer auf Zinsen und Dividenden, die an der Quelle (= Bank) abgeführt wird.

Rediskontkontingente Obergrenze, bis zu der sich die Banken bei der Zentralbank zum Diskontsatz Geld beschaffen können. Diese Obergrenze ist veränderlich, wird von der Zentralbank festgelegt und soll (wie die *Mindestreserven*) dazu dienen, die Kreditmöglichkeiten der Banken je nach Bedarf zu verknappen oder zu erweitern.

Rendite Effektivverzinsung, d. h. der tatsächliche Jahresertrag des investierten Kapitals. Bei Aktien ist die Rendite nicht mit der *Dividende* zu verwechseln; sie wird in Prozent ausgedrückt und errechnet sich, indem die ausgeschüttete Aktien-Dividende auf den aktuellen Börsenkurs bezogen wird (›Dividendenrendite‹). Zu unterscheiden ist ferner die Rendite vor und nach Steuern.

Renten-Anleihen Staatsanleihen mit festgelegtem Zinssatz, die aber nicht getilgt werden.

Rezession Rückläufige Wirtschaftsdynamik mit negativen Wachstumsraten. Der Wert aller Güter und Dienstleistungen (Bruttosozialprodukt) schrumpft.

Risiko-Papiere Wertpapiere, die die Beteiligung an einer Gesellschaft sowie das Recht auf einen Gewinnanteil verbriefen, also in der Regel Aktien.

Schuldverschreibungen Auch Obligationen genannt. Schuldverschreibungen sind festverzinsliche Wertpapiere, die dem Gläubiger für das Darlehen eine feste Verzinsung sowie Tilgung garantieren.

Sell-out Panikartiger Verkauf von Aktien, wie beim Crash am 19. 10. 1987.

Shareholder-value Börsenwert eines Unternehmens bzw. einer Aktie. Instrument der strategischen Unternehmensführung. Stellt die Interessen der Anteilseigner bzw. Aktionäre ins Zentrum unternehmerischer Entscheidungen. Der Shareholder-value wird bestimmt vom Cash-flow, der Summe der laufenden und erwarteten (abgezinsten) Einnahmenüberschüsse über die Ausgaben eines Unternehmens.

Short Leerverkauf. Man verkauft Aktien, die man noch nicht besitzt, sondern erst zu einem späteren Termin preisgünstig erwerben will. ›Short Interest‹ lautet in *Wall Street* die Bezeichnung für die Menge der Leerverkäufe einer Aktie. Ein hoher Short Interest gilt als Sicherheitsmerkmal, da relativ viele Aktien zurückgekauft werden müssen.

Spekulation Man unterscheidet zwischen der Spekulation auf steigende Kurse (*Hausse*) und jener auf fallende Notierungen (*Baisse*). Erstere beispielsweise ist dann erfolgreich, wenn man möglichst billig kauft, die Kurssteigerung abwartet und rechtzeitig vor dem nächsten Kursrutsch verkauft.

Spekulationsfrist Die Zeit, die man erworbene Aktien mindestens behalten sollte (Bundesrepublik: sechs Monate), weil die Kursgewinne bis dahin als Spekulationsgewinn steuerpflichtig sind. Nach Ablauf der Spekulationsfrist sind die Kursgewinne steuerfrei.

Spezialaktie — Im Unterschied zu den *Standardaktien* Aktien eines Unternehmens, das international wenig bekannt ist, und die zumeist mit eher geringen Umsätzen gehandelt wird. Die Grenze zwischen Standard- und Spezialaktien ist allerdings fließend.

Spitzen — Emissionsreste, die bis zum Schluß der Zeichnungsfrist nicht verkauft werden können.

Split — Vermehrung der Aktien einer Gesellschaft in einem bestimmten Verhältnis, zum Beispiel zwei neue für eine alte, oder zwei neue zusätzlich zu einer alten, oder eine neue zusätzlich zu zwei alten. Im gleichen Verhältnis wird die *Dividende* entsprechend vermindert; hierin liegt der Unterschied zu *Gratisaktien*. Der Kurs der Aktie wird am Tag nach dem Split im selben Verhältnis zurückgehen. Aktiensplit werden in Deutschland selten vorgenommen.

Stammaktie — Im Unterschied zur *Vorzugsaktie* gewährt die Stammaktie ihrem Inhaber die durch das Aktiengesetz festgelegten Anteilsrechte.

Standard & Poor's — Neben dem ›Dow Jones Industrials‹ (vgl. *Dow-Jones-Index*) zweiter bekannter Index in den USA. Er beruht auf den Kursen von 500 Aktien und ist marktbreiter als der Dow Jones Industrials (30 Aktien).

Standardaktie — Aktien renommierter Gesellschaften ›Blue chips‹, wie IBM, Deutsche Bank, Daimler, die mit großen Umsätzen gehandelt werden.

Stimmrecht Jeder Aktionär, der Inhaber einer *Stammaktie* ist, besitzt ein Stimmrecht. Allerdings bestimmt die jeweilige Satzung einer Aktiengesellschaft, inwieweit dieses Stimmrecht abhängig von der jeweiligen Aktienstückzahl ausgeübt werden kann (Beispiel: Höchststimmrecht fünf Prozent). Aktionäre können sich auch in Vereinen zusammenschließen, um damit ein größeres Mitspracherecht zu erlangen. Die Banken üben meist das Stimmrecht für ihre kleineren Depotkunden aus.

Stop-loss order Verkaufsauftrag, der bei Unterschreiten eines definierten Kurses zum nächsten festgestellten Kurs ausgeführt werden muß.

Streifbanddepot Im Gegensatz zum normalen Wertpapierdepot ist das Streifbanddepot eine kostspieligere Einzelverwahrung der Aktien bei einer Bank. Dabei behält der Besitzer das individuelle Eigentumsrecht an jedem eingelieferten Stück. Durch das Streifbanddepot kann der Kunde sicher sein, daß die Bank keine Stimmrechte aus den Aktien wahrnimmt.

Stückelung Teilung des Gesamtwertes von Wertpapieren in Einzelwerte.

Stützungskäufe Bundesbank, Großkunden, Bankiers oder Spekulanten kaufen spezielle Devisen oder Aktien gezielt auf, um das Fallen des Kurses dieser Währung bzw. dieses Papiers zu verhindern.

Substanzwert Wert der Vermögensteile eines Unternehmens, bestehend aus Grund und Boden, Gebäuden, Anlagen etc., abzüglich der Schulden.

Tafelgeschäft Kauf oder Verkauf von Wertpapieren gegen Bargeld; der Käufer bleibt anonym.

Telefonverkehr Außerbörslicher Wertpapierhandel am Telefon, vor allem zwischen Banken.

Terminhandel Handel mit Waren, Devisen oder Wertpapieren, wobei man erst zu einem vereinbarten späteren Zeitpunkt zu einem bestimmten Preis liefert oder kauft. In der Bundesrepublik dürfen Termingeschäfte mit Obligationen und allen ausländischen Wertpapieren getätigt werden. Über die Warenterminbörsen in Chicago, New York oder London kann man auch als Deutscher mit Kakao oder Kaffee spekulieren.

Timing Kauf oder Verkauf zum bestmöglichen Zeitpunkt.

Tranche Ein größerer Teilbetrag einer Wertpapier*emission*. Tranchen erhalten verschiedene Banken, um sie an verschiedenen Orten und zu verschiedenen Terminen zu verkaufen.

Trend Anhaltende Tendenz einer Kursentwicklung: abwärts (Baisse), aufwärts (Hausse) oder seitwärts (Seitwärtstrend).

Treuhänderdepots Diese Depots verwalten meist Anwälte bzw. Notare. Sie bewahren darin Wertpapiere in Testamentsangelegenheiten auf oder verwalten sie für Minderjährige oder Straffällige.

Trust Zusammenschluß mehrerer größerer *Aktiengesellschaften*, um gemeinsam die Marktposition zu stärken Beispiel: Daimler/AEG/MBB.

Übernahmekurs Angebot, zu einem bestimmten Kurs die Wertpapiere einer Aktiengesellschaft zu übernehmen, um sie somit zu kaufen.

Überzeichnung Neuemissionen von Wertpapieren sind überzeichnet, wenn mehr Kaufinteressenten als verfügbare

Aktien vorhanden sind. Der Kunde erhält dann nur einen prozentualen Anteil seiner Kauforder (Bsp. erste Teilemission der Telekom-Aktie 1996).

Ultimo — Der letzte Börsentag des jeweiligen Monats. Aufträge, die bis ultimo nicht ausgeführt sind, erlöschen in der Regel automatisch.

Unlimitiert — Kaufaufträge bei der Bank mit Order ›unlimitiert‹ werden ›*billigst*‹ ausgeführt. Unlimitierte Verkaufsaufträge werden über die Bank ›*bestens*‹ ausgeführt.

Variabler Markt — Vielgehandelte Aktien werden an den Börsen variabel, d. h. zu verschiedenen Kursen in derselben Börsensitzung gehandelt. Man spricht vom Eröffnungskurs (zu Beginn), vom Kassakurs (in der Mitte, hier finden die meisten Umsätze statt) und vom Schlußkurs. Bei den meisten *Spezialaktien* gibt es nur einen Kassakurs.

Verkaufsoption — Anrecht, Aktien zu einem bestimmten Kurs innerhalb einer bestimmten Laufzeit zu verkaufen.

Vinkulierte Namens-Aktien — Aktie, mit der die Auflage an den Aktionär verbunden ist, sein *Wertpapier* nur mit Genehmigung der ausgebenden Aktiengesellschaft an einen Dritten weiterzuverkaufen. So behält die Aktiengesellschaft immer die Kontrolle über den Kreis ihrer Gesellschafter.

Volatilität — Grad der Schwankungsbreite eines Aktienkurses, gemessen bspw. anhand der durchschnittlichen Differenz zwischen Höchst- und Tiefstkurs eines Jahres.

Volksaktien — Als die Bundesregierung in den sechziger Jahren beschloß, Eigentum breiter zu streuen, verkaufte sie ihr Vermögen am Volkswagenwerk, der

	Preussag und der VEBA zu besonders günstigen Konditionen an das breite Publikum. In jüngster Zeit wurde mit der Telekom-Aktie eine neue Volksaktie am Markt angeboten.
Vorbörse	Morgenhandel der Börsenteilnehmer vor Beginn der offiziellen Börsensitzung.
Vorstand	Die Geschäftsführung einer Aktiengesellschaft.
Vorzugsaktien	Eine Aktiengesellschaft kann neben *Stammaktien* Papiere ausgeben, die mit besonderen Vorzügen wie einer garantierten Mindestdividende ausgestattet sind. Die ›Vorzüge‹ besitzen kein Stimmrecht.
Wall Street	Größte Wertpapierbörse der Welt, die ›New York Stock Exchange‹ (NYSE) in der ›Mauerstraße‹ No. 11 in New York wurde 1792 gegründet; sie steht unter staatlicher Aufsicht, ist aber eine Privatvereinigung von 1325 Mitgliedern, die allein Zutritt zur Börse haben.
Wandelanleihe	Schuldverschreibung einer *Aktiengesellschaft,* die das Recht einräumt, diese innerhalb einer bestimmten Frist/Zeit in eine Aktie umzutauschen.
Wechselkurs	Tauschkurs zwischen zwei Währungen, bspw. zwischen Deutscher Mark und Schweizer Franken.
Wertpapier	Urkunde über ein Vermögensrecht, wie z. B. *Aktien,* Schecks, Investment-Zertifikate, Banknoten oder Hypothekenbriefe.
Zeichnen	Man ›zeichnet‹ seine Unterschrift auf einen Übernahmeschein für neuausgegebene Aktien in Höhe einer bestimmten Summe.
Zusatzaktie	Synonym für *Gratisaktie.*

Literatur zur Aktienbörse und Börsenspekulation

Die folgende Literaturliste bietet eine aktuelle Auswahl an Büchern, die dem interessierten Leser zum weiteren Studium über das unerschöpfliche Thema ›Aktien und Börse‹ dienen mögen:

Bernstein; R.: Börsengewinne mit Branchenrotation, Frankfurt/New York 1997

Büschgen, H. E.: Das kleine Börsenlexikon, 20. Aufl., Düsseldorf 1994 (auch als CD-ROM erhältlich)

BVH e.V. (Hg.): Aktienkultur – Perspektiven für den Finanzplatz Deutschland, Wolfratshausen 1997

Gaulke, J.: Kursbuch Spekulation, Frankfurt/M. 1994

Gerke, W. (Hg.): Die Börse der Zukunft. Märkte – Plätze – Netze, Stuttgart 1997

Hansen, H. / Seibert, U.: Der deutsche Aktienmarkt. Entwicklungen, Veränderungen, Strukturen, Köln 1996

Helmstädter, E.: Perspektiven der sozialen Marktwirtschaft: Ordnung und Dynamik des Wettbewerbs, Münster 1996

Jünemann, B. / Schellenberger, D. (Hg.): Psychologie für Börsenprofis – Die Macht der Gefühle bei der Geldanlage, Stuttgart 1997

Klöckner, B. W.: Mehr Geld fürs Alter. Vermögensaufbau für scharfe Rechner, Frankfurt/New York 1995

Lang, U.: Der Aktienberater, 8. Aufl., Frankfurt/New York 1994

Lang, U.: Aktien ohne Stress, Frankfurt/New York 1996

Ledermann, J. / Klein, R. A.: Börsenhandel mit künstlicher Intelligenz, Düsseldorf 1997

Lynch, P.: Der Börse einen Schritt voraus, Kulmbach 1990

Möller, H.-W.: Das Börsenseminar, Frankfurt/New York 1991

Möller, H.-W.: Angewandte Volkswirtschaftslehre, Wiesbaden 1997

Möller, H.-W.: Die Börsenformel, Frankfurt/New York 1998

Niquet, B.: Der Crash der Theorien, Kulmbach 1997

Pinner, W.: Die verrückte Börse, Düsseldorf 1997

Rappaport, A.: Shareholder-value – Wertsteigerung als Maßstab für die Unternehmensführung, Stuttgart 1996

Schwager, J. D.: Technische Analyse, Frankfurt/New York 1996

Soros, G.: Die Alchemie der Finanzen. Wie man die Gedanken des Marktes liest, Kulmbach 1994

Stache, K.: Der Börsen-Rechner mit Windows-Programm, Frankfurt/New York 1996